HELMUT THIELICKE

AUF DEM WEG ZUR KANZEL

HELMUT THIELICKE

Auf dem Weg zur Kanzel

SENDSCHREIBEN
AN JUNGE THEOLOGEN
UND IHRE
ÄLTEREN FREUNDE

QUELL VERLAG STUTTGART

Den vier Kapiteln dieses Buches liegen folgende Erstveröffentlichungen zugrunde, die für diese Ausgabe neu überarbeitet wurden:
Kap. I: Kleines Exercitium für Theologen. Furche-Bücherei Bd. 231, Furche-Verlag, Hamburg 1965
Kap. II: Über die Angst des heutigen Theologiestudenten vor dem geistlichen Amt. Sammlung gemeinverständlicher Vorträge 247, Verlag J. C. B. Mohr (Paul Siebeck), Tübingen 1967
Kap. III: Wie modern darf die Theologie sein? Vier Modelle heutiger Verkündigung. Quell Verlag, Stuttgart 1967 (gekürzt)
Kap. IV: Vom geistlichen Reden. Begegnung mit Spurgeon. Quell Verlag, Stuttgart 1961, 4. Auflage 1978 (Einleitung)

ISBN 3-7918-2097-4 (gebundene Ausgabe)
ISBN 3-7918-2008-7 (Taschenbuch-Ausgabe)

1. Auflage 1983
Einbandgestaltung: Wolfgang Schweigert, Quell Verlag Stuttgart
Satz und Druck: Quell Verlag Stuttgart

INHALT

AN DEN LESER

Wenn ich nach meiner Emeritierung eine Lehrveranstaltung abhalte, fragen mich hin und wieder einige Hörer nach meinen »Sendschreiben« an Theologiestudenten, von denen sie gehört haben. Da diese Kundgaben verstreut erschienen und inzwischen meist vergriffen sind, habe ich sie noch einmal gründlich überarbeitet und in diesem Band zu einem geschlossenen Ganzen zusammengestellt. Mir erschien das sinnvoll, weil in Nachgesprächen zu meinen Vorlesungen, vor allem aber auf Offenen Abenden, die ich zu lockerem Gedankenaustausch immer wieder in meinem Haus veranstalte, deutlich wurde, daß bestimmte Fragen und innere Nöte für den jungen Theologen eine konstante Aktualität behalten — durch die vielen Studentengenerationen hin, die ich habe vorüberziehen sehen. Manches davon begleitet und verfolgt uns sogar bis in die späteren Jahre unserer beruflichen Tätigkeit. So ist es nicht ausgeschlossen, daß die folgenden Überlegungen auch für Theologen im geistlichen Amt nicht ohne Nutzen sind, daß sie vor allem dem einen oder anderen helfen können, einen jungen Studenten besser zu verstehen. Damit meine ich nicht nur Vikarsväter, sondern manche Ältere überhaupt, die den Weg eines jungen Menschen anteilnehmend begleiten.

Bei meiner Tätigkeit als Gastprofessor in den verschiedensten Ländern stellte ich übrigens fest, daß die hier besprochenen Fragen nicht nur die *deutschen* Theologiestudenten bedrängen und auch nicht bloß auf *eine* Konfession beschränkt sind. Sie sind vielmehr, glaube ich, überall up to date, wo junge Christen angeleitet werden, in methodischer Strenge die Wahrheitsfrage zu stellen und sich der Spannung von Glauben und Denken auszusetzen. Damit mag es zusammenhängen, daß das kleine »geistliche

Exercitium« (1. Kapitel) auch in englischer, französischer, italienischer, spanischer und japanischer Sprache und die beiden nächsten jeweils in dreien dieser Sprachen erschienen sind.
So hoffe ich, daß diese kleine Sammlung in sich zusammenhängender und aufeinander abgestimmter Sendschreiben, Predigten und Essays dem einen oder andern einen Dienst tun und ihn auf seinem verheißungsvollen Wege in das Abenteuer »Theologie« ermutigen könnte.

I.
KLEINES GEISTLICHES EXERCITIUM AM BEGINN

Der alte Tübinger Johann Tobias Beck (1804-1878) pflegte in seine Vorlesungen hin und wieder »Expauken« einzuflechten, bei denen sich das Katheder in eine Kanzel verwandelte. Ich glaube, daß auch uns heutigen Dozenten und Studenten so etwas nicht schaden könnte. Die folgenden Darlegungen sind ein Versuch dieser Art, dem schon manche anderen vorangegangen waren. Der Leser wolle deshalb freundlichst verstehen und auch seine Nachsicht damit haben, daß diese Expauke sich nach Form und Inhalt sehr erheblich von dem Stil und dem Stoff unterscheidet, welche die Dogmatik-Vorlesung selbst bestimmen. Der Erlanger Fr. H. R. Frank (1827-1894), der mit seinem »Vademecum für angehende Theologen« Ähnliches versucht hat, spricht in etwas militaristischer (hier aber rührend harmloser) Form ebenfalls diesen Unterschied an: »Wer zumeist auf dem Felde der Systematik Dienst gethan, den gelüstet's wohl, den festgeschlossenen Waffenrock einmal aufzuknöpfen und in freierer Weise sich zu ergehen.« Solche Expauken müssen notwendig auch ungeschützt reden. Die Vorlesung als solche kann dagegen auf methodische Strenge und auf »Sicherungen« *nicht* verzichten. Ich meinte und meine, hin und wieder meinen Hörern sichtbar und hörbar machen zu müssen, daß ich in ihnen nicht nur »Studenten«, sondern auch Seelen erblicke, die mir anvertraut sind. Und diese Seele eines Theologiestudenten ist sehr gefährdet — keineswegs nur heute, aber vielleicht heute besonders.

Darüber soll im folgenden gesprochen werden. Vielleicht,

daß bei diesen Gedanken einem Pfarrer im Amt nicht nur »Erinnerungen« kommen — das ja sicherlich *auch!* —, sondern daß seine *akute* theologische Existenz damit ebenfalls angesprochen wird, so wie ich die meine jedenfalls habe ansprechen wollen. Es mag sein, daß dem praktischen Amtsbruder aus der Sicht des theologischen Lehrers auch manches von dem erklärbarer und klarer wird, was er an Befremdlichem mit einem Theologiestudenten seiner Gemeinde oder — mit einem *Vikar* erlebt hat. So möge er das Folgende zugleich als eine kleine Reportage von dem verstehen, was in unsern theologischen Hörsälen heute passiert. Vielleicht geht ihn manches aber auch noch selber an und dringt bis in den Bezirk seiner Studierstube vor.

Es ist eine Banausenwahrheit, wenn man hört und selber unzählige Male sagt, daß die Theologie es mit der Existenz zu tun habe. Stimmt das, so liegt es jedenfalls nahe, mit einer Meditation darüber einzusetzen, wie es denn inmitten jener theologischen Arbeit nun mit unserer christlichen Existenz stehe und wie sie innerhalb der Pferdekur eines Theologiestudiums behauptet — und nicht nur behauptet, sondern vertieft, bereichert und befruchtet werden könne.

Fassen Sie die Präambel bitte als ein kleines *exercitium spirituale* auf, das ich der eigentlichen Vorlesung voranschicken möchte und das an einem ähnlichen sachlichen Ort im Ganzen der Theologie steht wie die geistliche Meditation und das Gebet, die Anselm den Spekulationen seines Proslogion vorausschickt.

Die Angst des schlichten Christenmenschen vor der Theologie

Wenn Rudolf Otto einmal gesagt hat, das Heilige sei sowohl ein numen tremendum wie ein numen fascinosum, so könnte man dasselbe cum grano salis auch von der

Theologie sagen: Sie ist zunächst für viele ein tremendum: Der schlichte Christ einer lebendigen Gemeinde — jenes geistliche Gegenstück zu dem sogenannten »Mann auf der Straße« — fürchtet die Theologie aus mehreren Gründen; und es gibt wohl kaum einen Theologiestudenten, der nicht von irgendeiner frommen Seele vor dem dubiosen Unterfangen, sich mit wissenschaftlichen Mitteln der Heiligen Schrift zu nähern, alle »Zweifelsfragen« zu studieren und sich in die saugenden Polypenarme ungläubiger Professoren zu werfen, mit ernstem Nachdruck gewarnt worden wäre. Ich brauche hier nur an Ihre Erinnerungen zu appellieren. Was liegt diesen Warnungen, diesen uns immer wieder belastenden Ängsten der Stillen im Lande zugrunde?

Dem schlichten Christen will es zunächst nicht eingehen, warum man dem göttlichen Wort noch in einer andern Dimension als der des einfältigen und durch keine Verstandeskrücken, durch keine Stelzen der Weltweisheit gestützten Glaubens gegenübertreten solle, warum man also »neben« dem Glauben noch eines besonderen Rüstzeugs bedürfe.

Je jünger das theologische Semester ist, das sich dieser Frage ausgesetzt sieht, um so mehr mag es über diesen naiven Einwand lächeln und um so mehr sieht es sich durch das stolze Gefühl, der esoterischen Clique der Wissenden anzugehören, zu der Erwiderung veranlaßt: daß die Gemeinde dies und das eben doch nicht *verstehen*, daß man ihr dies und das — zum Beispiel die Fragen der historisch-kritischen Schriftforschung — doch nicht *zumuten* könne. Wenn der Theologe aber die Einwände der schlichten Hausfrau und des einfachen Stundenmannes nicht mehr ernst nimmt und wenn er dabei denkt — ausgesprochen wird so etwas ja kaum —: das sei eben das geistige Proletariat, das den kitzlichsten Fragen nicht gewachsen sei und dem man sie — als eben jener esoterische Club — abnehmen müsse, so ist todsicher an der Theologie etwas nicht in Ordnung.

Wenn nämlich die sogenannte schlichte Gemeinde eine gewisse Skepsis gegenüber der Theologie hegt, so ist diese Skepsis keineswegs primitiv. Sie ist zweifellos durch empirische und auch durch grundsätzliche Argumente gestützt. Und da wir als Theologen alle davon betroffen sind — denn wir denken ja, sofern wir rechte Theologen sein wollen, von der Gemeinde *her*, auf die Gemeinde *hin* und im *Namen* der Gemeinde; ach was: wir denken doch als ein Stück der Gemeinde selbst! — und da eben diese Gemeinde sich Sorge, eine sehr *berechtigte* Sorge um unsere geistliche Gesundheit macht, so möchte ich mit einigen Worten darauf eingehen.

Trübe Erfahrungen mit theologischen »Heimkehrern«

Ich sagte: die Einfalt der Gemeinde könne sich empirischer und grundsätzlicher Argumente bedienen. Ich bespreche zunächst die empirischen:
Um Ihnen diese Art der Bedenken eindrücklich zu machen, muß ich drastisch werden und Ihnen einen Vorgang schildern, der Ihnen allen nicht unvertraut sein dürfte, der sich zudem in trauriger Monotonie und in vielen Variationen wiederholt und den mir der hier besonders zuständig gewesene Essener Jugendpfarrer Wilhelm Busch auf seine Weise ebenfalls mit etwas wehem Humor berichtet hat.
Da ist ein junger Mann, der lebendig, aktiv und seine Kameraden mitreißend in der Jugendarbeit seiner Gemeinde oder in seinem Verein steht. Er ist Jesus Christus begegnet und muß das nun weitersagen. Darum hält er auch schon hin und wieder eine Andacht, zu der er keine Kommentare studiert, obwohl er sorgfältig genug ist, gedruckte Handreichungen, die für solche Zwecke erschienen sind, durchzunehmen und vielleicht seinen Pfarrer das eine und das andere zu fragen. Im übrigen betet er darum, daß Gott ihn alles recht verstehen und keinen Unsinn reden

lassen möge. Das, was so aus einem frischen Glauben kommt, ist selber frisch. Darum packt es auch die Jungen. Er freut sich im übrigen auf sein Theologiestudium, weil er die Hoffnung hegt, daß es ihn tiefer in die Bibel einführen und ihm vieles aufhellen wird, was ihm unklar ist. Er freut sich, einem Beruf entgegenzugehen, der ihn gleichsam hauptamtlich mit dem in Berührung bringt, was er liebt. Wer sollte sich nicht freuen, einer Sache leben zu dürfen, der sein Herz gehört!

Nach der Heimkehr aus den ersten Semestern ist er — jedenfalls in der Optik seiner alten Gesellen — jäh und erschreckend verändert. Er sitzt mit heruntergezogenen Mundwinkeln dabei, wenn sein Kamerad von einst, der junge Handwerker, eine höchst laienhafte Bibelarbeit hält. Auf dem anschließenden gemeinsamen Heimweg erklärt er ihm — wie eine Klatschbase, die unter der Wucht ihrer Neuigkeiten fast zusammenbricht —, was die »neueste Forschung« über Mythos, Legende und Formgeschichte produziert hat. Und noch ehe der andere seine Schrecksekunde überwunden hat, klassifiziert er ihn in jene geistliche Typologie, die er im Parterre des Hörsaals vernommen hat. Er sagt ihm nämlich: Das, was du sagtest, war »typisch pietistisch« oder »typisch orthodox« oder auch »methodistisch«. Er sagt ihm: Du bist der osiandrische Typ, der den forensischen Charakter der Rechtfertigungslehre noch nicht begriffen hat — und erklärt ihm gönnerhaft die gelehrten Fremdworte, jene fragwürdigen Abfallprodukte seiner Wissenschaftlichkeit.

Nach der Heimkehr aus dem dritten Semester fordert man ihn auf — zumal sich sein Freund inzwischen geniert, vor diesen abgründig wissenden Ohren *noch* einmal seine naiven Exegesen vom Stapel zu lassen —, selber eine Bibelarbeit zu bestreiten. Jeder Gesangverein ist natürlich aufs höchste gespannt, wie eines seiner Mitglieder, das inzwischen auf der Musikakademie seinen Tenor hat ausbilden lassen, bei der ersten Heimkehr singt. Die Enttäuschung ist sehr oft grenzenlos: Der junge Sänger produziert unter Aufwand eines erheblichen Mienenspiels und einer schweißtreibenden Gestik viel kläglichere Töne, als er sie je im heimischen Gehege und als Statist seines Lokalvereins hervorgebracht hat. Ohne Bild heißt das für den Theologen: Unter Aufwand eines ziemlichen Apparates an exegetischen Fachkenntnissen und umgeben vom Flair des Eingeweihten bringt er lähmende und unfreudige Trivialitäten vor, und die innere Muskulatur eines frischen jungen Christen wird von einem schrecklichen Begriffspanzer förmlich erdrückt. Wenn man aber wenigstens von der anschließenden Aussprache noch einiges erwartet hatte, so entwickelt er auch hier ein erstaunliches Talent, mit einigen begrifflichen Lähmungsspritzen alle Munterkeit und jeden unbefangenen Austausch alsbald zu ersticken.

Man versteht, daß viele Gemeinden durch solche Erfahrungen nicht eben ermutigt werden, der »Universitätstheologie« größere Kredite zu gewähren.

Der theologische Stimmbruch

Nun liegt es mir fern, den Theologiestudenten hier einfach anzuklagen und ihn zur Karikatur zu machen, obwohl ich zugebe, aus Gründen der Illustration und der Kürze mit einer Art liebevoller Drastik gesprochen zu haben. Was sich hier zeigt, kann in zwei Ursachen gründen:

Es kann sich zunächst um ganz natürliche Wachstumserscheinungen handeln:

In der Theologie beschäftigt man sich mit der Reflexionsgestalt geistlicher Erfahrungen, wie sie in Jahrhunderten und hier wieder besonders von den Großen der Kirchengeschichte gemacht worden sind. Ein Zwanzigjähriger wird angeleitet, etwa die Trinitätsprobleme zu durchdenken, um die doch durch Jahrhunderte hin schwerste Kämpfe mit dem Einsatz des Lebens geführt worden sind, an die die Größten gewaltige geistige Anstrengungen gesetzt haben und hinter denen ganz bestimmte geistliche Erfahrungen stecken. Man kann sich denken, daß der junge Theologe diesen Lehren hinsichtlich seiner geistlichen Existenz in keiner Weise gewachsen ist, auch wenn er die Logik der jeweiligen Systeme, das heißt ihre jeweilige geistige Rinde, und wenn er die Gesetzmäßigkeit und den gewissermaßen folgerichtigen Verlauf der dogmengeschichtlichen Entwicklungen intellektuell sehr wohl begreift.

Es ist also klar, wieso und wo sich bei diesem Zustand der Dinge akute Krisen einstellen müssen. *Es besteht ein Hiatus zwischen dem Stadium des jeweils eigenen geistlichen Wachstums und dem, was er über dieses Stadium hinaus intellektuell bereits weiß.* Man hat ihm sozusagen wie einem Bauernjungen eine zu große, bis unter die Knie herunterreichende Hose angemessen, in die er erst noch hineinwachsen muß — so wie auch ein Konfirmand erst noch in die zu lange Hose des Katechismus hineinwachsen muß. Sie schlottert ihm vorläufig um den Leib, und diese Inkongruenz sieht wirklich nicht schön aus. Geistlich ist der junge Student vielleicht gerade so weit, daß er zu ahnen und als betender Christ auch einzuüben beginnt, was es heißt, daß wir in allem Versagen gegenüber der Forderung Gottes getrost unter der Vergebung leben und frei sein dürfen. Intellektuell aber beginnt er bereits die Dialektik von Gesetz und Evangelium und die lutherische Paradoxie des simul iustus et peccator zu durchdenken — Dialektiken und Paradoxien also, die doch der gedankliche Niederschlag ungeheuerlichster Friktionen durch eine Gesetzeskirche, die das Ergebnis gewaltiger und wiederholter Akte des Scheiterns, abgründiger Ängste und wunderbarer Tröstungen sind.

Von alledem weiß *der* vielleicht nichts oder fast nichts (und *kann* es auch kaum wissen!), der durchaus in der Lage ist, eine Vorlesung über Luther zu reproduzieren und womöglich selber zu halten. Gundolf spricht in seinem Goethebuch im Hinblick auf solche Fälle von einem bloßen Bildungserlebnis: Man hat nämlich dann irgendeine Wahrheit nicht als Urerlebnis »durchgemacht«, sondern man hat sich durch »Anempfindung« in die literarische oder gedankliche Verdichtung hineinversetzt, die das Urerlebnis eines *andern* (etwa Luthers) gefunden hat. Man lebt also aus zweiter Hand.

Weil aber auch ein derart intellektuelles oder erlebnismäßiges Anempfinden fremder Geistigkeit oder Geistlichkeit überaus lebhaft und sogar leidenschaftlich sein kann, verfällt man leicht in die Autosuggestion, als habe man das alles selbst erlebt und durchgemacht. Man verfällt einer illegitimen *Identifizierung* mit dem andern. So kann man durchaus intellektuell verzaubert sein durch die gewaltigen Gedanken des jungen Luther und verfällt dabei der Illusion, als sei das, was man so »versteht« und was einem Eindruck macht, der eigene Glaube. In Wirklichkeit hat man nur anempfunden und ist der Verführung durch ein Bildungserlebnis zum Opfer gefallen. Man *ist* ja in seiner eigenen Existenz, in seinem eigenen Glauben noch gar nicht so weit! So gibt es gerade im Leben des jungen Theologen gewisse intellektuelle Ersatzleistungen bei existentieller Fehlanzeige.

Bildlich gesprochen: Das Theologiestudium erzeugt oft intellektuell langaufgeschossene Jungen, bei denen die inneren Organe nicht gleichmäßig mitgewachsen sind. Das ist ein Kennzeichen der Entwicklungsjahre. Es gibt tatsächlich so etwas wie eine *theologische Pubertät.* Jeder Erzieher weiß, daß es hier um natürliche Wachstumserscheinungen geht, die einen nicht sonderlich aufzuregen brauchen. Das muß auch die Gemeinde verstehen, und das muß man ihr unter Aufbietung aller Kraft klarmachen.

Es wäre freilich ein Fehler, wenn jemand, der gerade in diesem Stadium ist, in der Gemeinde als Lehrer hervortritt. Er hat vorübergehend die Naivität nicht mehr, in der er diese Rolle durchaus spielen mochte — etwa in der Jugendarbeit —, und er hat noch nicht jene Reife, die es ihm ermöglicht, das intellektuell Vorweggenommene und das als Reflexion ihm Zugängliche in sein persönliches

Leben hinein zu integrieren und in der Frische persönlichen Bekennens wieder auszusprechen. Man muß hier Geduld haben und warten können. Von den Predigten junger talarumhüllter Semester halte ich aber aus den genannten Gründen nichts. Man sollte schweigen können. Während des Stimmbruchs singt man nicht, und während des theologischen Stimmbruchs predigt man nicht — jedenfalls nicht ungehemmt und mit allen verfügbaren »PS«, sondern viel eher summend und einen vorsichtigen Kontakt mit dem Chor suchend. (Ich komme darauf im nächsten Kapitel noch einmal zurück.)

Der Schock der theologischen Begrifflichkeit

An den Diskussionsabenden unserer Studentengemeinden — soweit sie jedenfalls rechte »Gemeinden« sind und mit der Bibel leben — haben wir alle schon Szenen beobachtet, die uns das eben Gesagte illustrieren können; es spielt dabei gar keine Rolle, an welche Universität oder Hochschule wir dabei denken. Da ist also, nehmen wir an, ein biblischer Text ausgelegt worden, und nun ist Aussprache darüber. Ein junger Mediziner, den eine Frage heftig bewegt und der bei dem Drang, sich zum Wort zu melden, vor lauter Aufregung und Geniertheit erhöhten Puls bekommen hat, schließlich aber doch dieses sein pochendes Herz in die Hände nimmt, steht also auf, formuliert seine Frage und rückt sogar mit ein paar kritischen Einwänden heraus.
Da solltet Ihr sehen, wie sich die jungen theologischen »Profis« in die Schranken gerufen sehen! Mit eingelegter Lanze und in klapperndem Begriffsgalopp, die Lippen mühsam zusammengepreßt über einem kaum unterdrückten Triumphgeheul, preschen sie auf ihn los. Da fliegen dem Unglücklichen die termini technici um seine ach so ungeübten Laienohren, da rasseln Worte wie »synoptische Tradition«, »hermeneutisches Prinzip«, »antizipierte Eschatologie«, »prophetische Verkürzung der Zeitper-

spektive«, »jetzt und hier«, »je und je«, »legitim und illegitim«, »Vorverständnis« und »Woraufhin« auf ihn herunter, daß er jählings in Deckung geht, die eine Hand schützend vor sein Gesicht hält und mit der andern die weiße Fahne hißt. Man meint dann leicht, dieser Waffenstillstand der Hilflosigkeit sei ein Sieg und man habe den andern überzeugt. In Wirklichkeit aber hat man, statt zu missionieren, nur eine Art Schocktherapie getrieben — nur daß es nicht einmal »Therapie« gewesen ist, sondern daß man das erste züngelnde Flämmlein eines eigenen geistlichen Lebens und einer ersten schüchternen Frage mit dem Schaumlöscher seiner Begrifflichkeit erstickt hat. Mit solchen Aktionen kann man nämlich wirklich ersticken und erwürgen!
Dem Mediziner war es bitterernst. Wer sich im Ernstfall befindet, hat einen ungemein empfindlich reagierenden Instinkt. Und dieser Instinkt meldet ganz mit Recht: Da, wo es mir um mein Schicksal und um mein Leben geht, kommen mir die andern mit ihrer Routine. Ich habe da kein Leben und keine erfahrenen Wahrheiten gespürt. Ich habe nur Begriffskadaver gerochen, in denen kein Leben war. Ich gehe lieber zu den weniger gefestigten jungen Heiden zurück. Die haben mir gewiß nicht viel zu sagen, und dies Wenige ist wahrscheinlich sogar falsch. Aber es ist wenigstens echt. Ich suchte einen Christen, in dem ich ein Brennen spürte. Aber ich habe nur ausgebrannte Schlacken gefunden. Vielleicht hat es darunter tatsächlich geglommen; aber so geübt bin ich eben nicht, daß ich solche verborgenen Feuer noch sähe.
Vielleicht tut es Ihnen weh, wenn ich so harte und wohl auch übertreibende Reden führe. Aber ich mußte Ihnen ja plastisch zeigen, wie ernst ich meinen Rat nehme, sich mit seinen theologischen Begriffen vorerst einmal zurückzuhalten. Es ist immerhin eine Erfahrung, die zu denken gibt, wenn die Studentengemeinden an solchen Hochschulen und Universitäten, die keinen Theologischen Fachbereich haben, oft viel lebendiger und unverkrampfter sind. Sie kennen mich genug, um zu wissen, daß ich damit nicht die

Fragwürdigkeit von Universitätsfakultäten zum Ausdruck bringen möchte — das Gegenteil entspricht meiner Überzeugung! —, sondern daß es mir nur um das Problem der »theologischen Pubertät« geht.

Pathologie der theologischen Eitelkeit

Während es hier also im Grunde um die natürlichste Sache von der Welt geht und zu Aufregungen weiter kein Anlaß ist, so kann es andererseits sehr wohl sein, daß sich in den eingangs beschriebenen Szenen von der Heimkehr junger Semester auch Symptome einer echten *Erkrankung* äußern können. Es kann sein — und dafür hat die Gemeinde ein sehr genaues Gespür —, daß die Theologie einen eitel macht und so etwas wie gnostische Hybris in einem entzündet. Das liegt vor allem daran, daß Wahrheit und Liebe bei uns Menschen selten vereinigt sind.

Man kann auch genau sagen, warum: Die Wahrheit verführt uns sehr leicht zu einer Art Besitzerfreude: Ich habe das und das eingesehen, gelernt, verstanden. Wissen ist Macht. Ich bin also mehr als der andere, der dies und das nicht weiß. Ich habe größere Möglichkeiten und auch größere Anfechtungen. Jemand, der mit der Wahrheit zu tun hat — das haben wir Theologen ja —, verfällt allzu leicht der Psychologie des Besitzers. Liebe aber ist das Gegenteil des Besitzenwollens; sie ist Hingabe; sie ist nicht Überhebung, sondern neigt sich nach unten.

Es ist nun fast dämonisch zu beobachten, daß auch die *theologische* Besitzerfreude die Liebe ertöten kann. Dämonisch deshalb, weil die theologische Wahrheit doch gerade von der Liebe Gottes, von seiner Herablassung, seinem Suchen, seiner Sorge um die Seelen handelt. So gerät der Theologe, und nicht zuletzt auch der *junge* Theologe, oft in einen beklemmenden Selbstwiderspruch. Er treibt Christologie, und das heißt auf deutsch: er beschäftigt sich mit dem Heiland der Sünder und mit dem

Bruder der Verlorenen. Dabei lernt er zum Beispiel das Chalcedonense und die Formgeschichte der Synoptiker. Und im Besitze dieser Wahrheit verachtet er — natürlich in einer äußerst sublimen Form — die, welche als schlichte Christenmenschen zu diesem Heiland der Sünder beten und sich an jedes seiner Wunder klammern, auch wenn es vielleicht Legende ist.
Er fühlt sich in seiner reflektierten Gegenstandsbeziehung denen überlegen, die in persönlicher Christusbeziehung völlig an den Problemen des historischen Jesus oder der Entmythologisierung oder der Objektivierbarkeit des Heilsgeschehens vorübergehen.
Diese Verachtung ist eine echte *geistliche Krankheit.* Sie besteht in dem Widerspruch von Wahrheit und Liebe. Dieser Widerspruch ist geradezu *die* Theologenkrankheit. Sie ist als Kinderkrankheit oft besonders kraß. Aber auch wohlbestallte Pfarrherrn können diese Art Masern durchaus noch kriegen, ohne daß sie harmloser geworden wären.

Vor einigen Semestern kam einmal ein Tübinger Commilitone mit seinem Budeninhaber, einem honorigen und wohlgegründeten schwäbischen Pietisten, in eine Unterhaltung über Bultmann. Wie üblich — und von der Fama entsprechend aufgewiegelt — sah der Pietist in Bultmann den schwarzen Mann. Der Commilitone war nun zufällig das, was man einen »Bultmannianer« nennt — ein Typus übrigens, über den der Meister wohl ebenso unglücklich zu sein ein Recht hätte wie Karl Barth und Ritschl über ihre entsprechenden »-ianer«. Es war nun sicher keine Aufwallung echter Ritterlichkeit, die den Commilitonen veranlaßte, sich schützend und cum ira et studio vor seinen tatsächlich arg mißverstandenen Meister zu stellen. Sondern es war ein pharisäisches Triumphgefühl, wenn er dem Manne, der des Griechischen unkundig war, die mit blauen und roten Strichen versehene »Theologie des Neuen Testaments« aus Marburg in die Hand drückte. Sein Ziel war zweifellos, den Mann durch den Eindruck einer überwältigenden, ihm völlig unerreichbaren Gelehrsamkeit zu erdrücken und also das Gefühl der Hilflosigkeit in ihm zu erzeugen. Die Kombination dieser intellektuellen Ohnmacht unseres untervermietenden Pietisten und seiner gleichzeitigen Aufregung über das, was er für rot und blau unterstrichene und also noch glorifizierte Häresien halten mußte, hat in dem Studenten zweifellos eine sehr hämische Schadenfreude erregt, während sie den Pietisten begreiflicher- und berechtigterweise in Harnisch brachte.

Es wird wohl niemand behaupten wollen, daß dieses dubiose Behagen des Commilitonen auch noch das geringste mit christlicher Nächstenliebe, nicht einmal in ihrer noch so entmythologisierten Gestalt zu tun hätte. Der Sinn seiner Maßnahmen bestand ja nicht darin, dem andern Verständnis für das beizubringen, womit wir Theologen uns herumschlagen, oder ihn behutsam über das Stadium seiner bisherigen Erkenntnis hinauszuführen, sondern ihn — der rein bildungsmäßig dieser ihm dargereichten Literatur nicht gewachsen sein konnte — matt zu setzen, seine vielleicht sehr einfachen Einwände gegen die historisch-kritische Schriftforschung durch Überwerfen einer imposanten Decke von Argumenten zu ersticken.

Hier wird die Wahrheit als Mittel persönlicher Triumphe und zugleich als ein Mittel der Tötung verwendet, das in den krassesten Widerspruch zur Liebe tritt. Das gibt dann wenige Jahre später jene Sorte von Vikaren, die nicht als Instruktoren, sondern als Destruktoren ihrer Gemeinde wirken — ganz gleich, ob sie auf ihrer Kanzel die historisch-kritische, die existentialistische oder, wie heutzutage eher, die soziologische und emanzipatorische Tour fahren. Und wenn Vikarsväter, Gemeinde und Jugend dann zu stöhnen beginnen, wenn sie Eingaben an die Kirchenbehörde machen und schließlich vom Gottesdienst fernbleiben, dann ist dieser junge Mann vielleicht noch pharisäisch genug, sich nicht etwa selbst an den Ohren zu ziehen, sondern seinen triumphierenden Blick über die leeren Bänke schweifen zu lassen und von sich selbst zu sagen:

»Habe nun Ruhe, liebe Seele, du hast mit deiner Wahrheit ein legitimes Ärgernis hervorgerufen und darfst dich bestätigt sehen« oder auch: »Ich danke dir, Gott, daß ich kein Rattenfänger und Ohrenjücker bin wie jener Amtsbruder dort, dem die halbe Stadt nachläuft. Meine leeren Bänke zeugen für mich.« (Die Brüder im praktischen Pfarramt, die sich auf steinigem Boden in unbeirrbarer Treue abrackern, müssen mir wegen dieser Bemerkung verzeihen. Ich habe *sie* nicht gemeint, und sie sind ja auch von anderem Holz. Genau wie die Unmündigen Gott loben können, so können auch leere Bänke für die Treue des Botschafters zeugen — aber eben in anderer Weise als bei den Ärgernis-Dialektikern.)

Die Weltweisheit als Bundesgenosse des Glaubens

Der Einwand der Gemeinde gegen die Theologie ist aber noch in anderer Hinsicht ernst zu nehmen. Neben den eben geschilderten empirischen Bedenken ist auch eine gewisse *grundsätzliche* Skepsis zu bedenken.
Diese Skepsis argumentiert so:
Warum sollte es neben dem Glauben noch einer besonderen Wissenschaft bedürfen, die ihn stützt? Ist es nicht Hochmut, zu meinen, mit Hilfe einer kritischen Durchdringung der Heiligen Schrift erst die substantiellen, granitenen Fundamente zu finden, auf die man seinen Glauben gründen kann? Heißt das nicht, die Weltweisheit zum Schulmeister des Wortes Gottes zu machen? Natürlich ist ein solcher Einwand gegen die Theologie ziemlich naiv formuliert. Man lasse sich dadurch aber nicht hindern, in ihm eine sachliche Anfrage an die Theologie zu entdecken, die geeignet ist, unsere Selbstkritik wachzuhalten:
Wenn man fragt, wozu es noch einer wissenschaftlichen Stützung des Glaubens bedürfe, so mag in dieser Frage durchaus das Ziel verfehlt sein, das wir uns mit unserer theologischen Arbeit stecken. Denn im allgemeinen

wollen wir ja den Glauben gar nicht »theologisch untermauern«. Man bedenke aber die Intention in jenem Einwand der »Frommen«: Diese ihre Intention ist nichts anderes und nichts Geringeres, als sie in den reformatorischen Thesen »Allein aus dem Glauben«, »Allein die Heilige Schrift« (sola fide, sola scriptura) ebenfalls enthalten ist. Man hat die Theologie in Verdacht, daß sie das Wagnis des Glaubens erleichtern wolle dadurch, daß das kooperierende Wissen hinzugenommen wird, und daß das sola scriptura erweicht werde dadurch, daß man menschliche Kriterien, wie etwa die Verstehbarkeit oder die Vernunftgemäßheit, zur Anwendung bringe und damit die »Weltweisheit« (die sophia tou kosmou) als beherrschendes Kriterium der Heiligen Schrift vorordne. Hierin mögen gewiß Reminiszenzen an aufklärerische Gestalten der Theologie nachwirken, die wir zwar im wesentlichen überwunden haben, deren geistlich kompromittierende Ansichten aber für die Außenstehenden noch nachwirken bis ins dritte und vierte Glied und darüber hinaus.
Andererseits weiß jeder Eingeweihte, daß diese kritischen Anfragen niemals in einem absoluten Sinne überholt sind. An bestimmte Gestalten des heutigen Theologisierens müssen wir sie sogar penetrant und unnachgiebig selber stellen. Bestimmte hermeneutische Prinzipien zum Beispiel, die heute auf dem Felde der neutestamentlichen Theologie im Schwange sind, scheinen dieses Stigma der Weltweisheit allzu deutlich auf der Stirne zu tragen.*
Und ferner: Ist nicht aus jenen so naiv formulierten Bedenken — etwa aus dem Bedenken, daß man mit Hilfe der Bibelkritik ein letztes unangreifbares Fundament herausanalysieren wolle, daß also im Worte Gottes die Schicht des Glaubwürdigen, des Historisch-Substantiellen oder des Kerygmatisch-Felsenhaften erst eruiert werden müsse —,

* Der Verfasser hat diese Zusammenhänge ausführlich dargestellt im 1. Band seiner Dogmatik: Der evangelische Glaube. Die Beziehung der Theologie zu den Denkformen der Neuzeit, 1968.

ist aus diesen Bedenken nicht alles das herauszuhören, was Martin Kähler mit einer sehr viel gegründeteren und schulmäßigeren Argumentation gegen das sogenannte »kritische Subtraktionsexempel« geltend gemacht hat? Kähler hat in seinem berühmten Buch »Der sogenannte historische Jesus und der geschichtliche biblische Christus« bekanntlich auf zweierlei aufmerksam gemacht:

Erstens darauf, daß der Glaube nur sinnvoll sei als ein *unbedingter* Glaube, da er ja mit unserm ewigen Schicksal zu tun habe; daß er dann aber unmöglich abhängig und bedingt sein könne von den wechselnden Ergebnissen der historischen Forschung und auch der wissenschaftlichen Moden.

Zweitens hat Kähler uns gezeigt, daß das Wesen der Persönlichkeit Jesu Christi nicht zu trennen sei von seiner *Wirkung*, das heißt von der geistgewirkten und kirchengründenden Predigt; daß man also die evangelischen Texte in ihrer Grundintention mißachte, wenn man sie nicht als *Glaubenszeugnis* werte und sie statt dessen als biographisch und historisch interessierte Protokolle verstünde. Genauso wie jede Forschungsmethode durch ihren *Gegenstand* bestimmt sei, so müsse auch Ernst damit gemacht werden, daß der »Gegenstand« der Theologie, Jesus Christus, nur dann angemessen anvisiert wird, wenn man bereit ist, ihm auf der Ebene dieser seiner *Wirkungen*, das heißt innerhalb der christlichen Gemeinde, zu begegnen. Nur das Kind weiß, wer der Vater, nur der Knecht weiß, wer der Herr ist. Hier ist — von aller Einzelkritik an Kähler einmal abgesehen, über die zu reden wäre — in gültiger Weise ausgesprochen, daß eine abseits vom Glauben betriebene Historie unmöglich die Grundlage des Glaubens sein könne, daß es also auf keinen Fall so etwas wie eine wissenschaftliche cooperatio als Unterstützung und Entlastung des Glaubens geben könne, sondern daß alle theologische Bemühung dem Glaubensakt selber einbeschlossen ist — wenn anders es um »Theologie« gehen soll.

Anders ausgedrückt heißt dies: Die Theologie kann niemals die Predigt »begründen«, sondern sie hat die gleiche Blickrichtung wie die Predigt selbst; sie ist auch ihrerseits ein Zeugnis — nur mit andern Methoden und mit andern Mitteln. Ihre Wissenschaftlichkeit wird darum in dem Nachweis zum Ausdruck kommen, daß sie sich gerade dann angemessen zu ihrem Gegenstande verhält — und darum in einem gefüllten Sinne »objektiv« ist —, wenn sie sich als die Reflexionsgestalt eines Zeugnisses versteht. Und diese Wissenschaftlichkeit wird gerade nicht durch den Ehrgeiz gesichert sein, einige Kapitel »glaubensunabhängiger« Forschungsbereiche in die theologische Arbeit einzubeziehen. Jedenfalls gilt das ganz sicher von der Dogmatik. (Das im einzelnen zu zeigen und zu begründen, ist jedoch die Aufgabe der dogmatischen Arbeit selbst.)

Ich möchte mit alledem sagen, daß die Gemeinde, auch wenn sie die Einzelheiten unserer Arbeit nicht versteht und verstehen kann, *erstens* ein Recht hat, uns zu fragen; denn wir treiben unsere theologische Arbeit ja in ihrer Mitte, so gewiß wir Glieder der Gemeinde sind. Darum sind diese Anfragen, auch wenn bestimmte theologische Anliegen, die wir hegen, im einzelnen verfehlt sein mögen, in hohem Maße sachgemäß und bilden ein Feuer, das wir ständig durchschreiten müssen. Letzten Endes haben diese Anfragen immer unsere christliche Existenz *hinter* unsern theologischen Reflexionen im Auge. *Sie sind also eine Frage nach unserer Glaubwürdigkeit. Die Gemeinde ist unsere Seelsorgerin.*
Zweitens sind diese Anfragen darum *ernst* zu nehmen und nicht im Hinblick auf das »Irren im Detail« zu liquidieren. Ich für meine Person habe zum Beispiel seinerzeit Berge von Briefen in Fragen der Entmythologisierung erhalten. Sie waren zum Teil von einer hanebüchenen Ignoranz, was das Problem angeht, und nicht selten deshalb auch von

einem Hauch jener Überheblichkeit durchweht, wie sie mit jeder Form von Ignoranz — auch unter Christen — verbunden zu sein pflegt. Doch war trotz alledem *das* spürbar, was ich den *geistlichen Instinkt der Kinder Gottes* nennen möchte. Mir war es jederzeit bewußt, daß es verboten ist, diesen Instinkt zu verachten und mich der Verantwortung vor ihm zu entziehen. Ich möchte Sie bitten, sich mit allem, was Sie vielleicht theologisch in Ihren Vorlesungen lernen mögen, jenem Instinkt zu stellen und in einem lebendigen — auch theologischen! — Austausch mit den schlichten Kindern Gottes zu leben. Selbst ein esoterisches Verschweigen — mit der perfiden Argumentation: das kann ich der Gemeinde nicht zumuten — kann zu jenem Ärgernis an den Kleinsten führen, für das Jesus das schicksalsschwere Bild von den Mühlsteinen geprägt hat — zumal dann die Magazine und die Enthüllungspresse mit entstellender Pikanterie das von den Dächern verkünden, für das Sie sich auf Ihrer Kanzel zu elitär dünkten. Dann aber ist das Vertrauen (zumindest beim intellektuellen Teil Ihrer Gemeinde) schon untergraben.

Die steile Kunst der Dogmatik

Die Theologie ist aber nicht nur ein tremendum, als welches sie in den Augen der Gemeinde immer wieder erscheint, sondern sie ist auch ein *fascinosum.* Ein bekannter Theologe hat einmal gesagt, daß Dogmatik eine hohe und steile Kunst sei. Das ist sie einmal wegen ihrer Intention: Denn sie denkt über die letzten Dinge nach, sie fragt, worin die Wahrheit über unser zeitliches und ewiges Schicksal gründe. Und der Spannungsbogen dieser Frage reicht vom Schöpfungsmorgen der Welt bis zum Abend der Welt am Jüngsten Tage; er reicht von dem Kleinsten, nämlich von der Bitte um das tägliche Brot, bis hin zu dem Größten: bis zur Bitte um das Kommen des Reiches.

Die Dogmatik ist eine hohe und steile Kunst aber auch wegen ihrer *Stoffe:* Sie setzt die wissenschaftliche und geistliche Arbeit an den Bibeltexten voraus, sie verarbeitet das Denken der Kirche aus zwei Jahrtausenden, sie setzt sich auseinander mit der Philosophie und der Kunst, sie stellt sich den Problemen der Zeit und sie erkundet, wer der Mensch sei, an den sie sich gegenwärtig zu wenden habe, und in welchen Abgründen er weile. Ihr ist nichts Menschliches fremd, wenn sie eine rechte Dogmatik und keine bloß restaurative Deklamation reformatorischer oder orthodoxer Texte ist. Eine lebendige Dogmatik läßt ihre Probleme darum nicht parthenogenetisch immer wieder aus sich selbst hervorgehen, sondern sie wird befruchtet, sie gewinnt ihre zeugerischen Impulse durch die Fragen der Zeit, sie existiert in lebendigen Spannungen.
Darüber hinaus ist die Dogmatik eine *systematische* Disziplin, das heißt, sie versucht das Ganze der Offenbarung zu umspannen und ihre Details an den ihnen gebührenden *Ort* in diesem Ganzen zu verweisen. Sie ist dadurch gleichsam von Haus aus antisektiererisch, so gewiß ja das Kennzeichen von Sekte und Häresie darin besteht, aus dem Gesamtorganismus der Lehre ein Glied herauszunehmen und es zu verabsolutieren, den Organismus also durch die Elephantiasis dieses einen Gliedes zu entstellen und ihn letzten Endes zu zerstören.
Um dieser systematischen Intention willen besitzt die Dogmatik so etwas wie eine *architektonische Kultur.* Sie führt ein Gebäude auf, dessen systematische Struktur überzeugen muß, das eine gewisse Logik des Aufbaus verrät und das für jeden, der auch nur eine Spur von Gefühl für kulturelle Dinge besitzt, im Idealfalle einen hohen ästhetischen Reiz ausstrahlt. Ich würde jedenfalls den für einen Banausen halten, den angesichts des Aufbaus von Schleiermachers Glaubenslehre mit ihren Längs- und Querverbindungen, mit ihren Proportionen und Symmetrien nicht so etwas wie ein ästhetischer Schauer überkommt. (Wenn man das dogmatische »System«, wie Kierkegaard das tut,

grundsätzlich in Frage stellt, so steht das auf einem andern Blatt. *)

Wenn ich aber so eine Art Lob der Dogmatik anstimme, wenn ich so von ihrem Zauber spreche und fast Gefahr laufe, begeistert zu sein, so ist damit wieder eine entscheidende Frage an unsere geistliche Existenz gestellt. Denn gerade dieser Zauber stellt uns von einer anderen Seite noch einmal vor das Problem, das ich schon früher unter dem Stichwort Urerlebnis und Bildungserlebnis charakterisierte.

Indem wir von einem theologischen Gedanken überwältigt sind — sagen wir einmal von Luthers Gedanken des servum arbitrium oder Kierkegaards Lehre vom Paradox und der indirekten Mitteilung —, so vergessen wir allzu leicht, daß wir hier von der bloßen *Reflexionsgestalt* eines Glaubens verzaubert sind und daß unsere Bereitschaft, uns verstehend, hingebend, intellektuell beglückt in diese Reflexionsgestalt hineinnehmen und von ihr mitreißen zu lassen, noch nicht bedeutet, daß ich nun auch von dem zugrundeliegenden Glauben ergriffen und mitgerissen sei.

Man kann auch ästhetisch von der Landschaft urchristlichen Denkens verzaubert sein, von den langen Schatten etwa, welche die Abendsonne der Welt, ihr nahendes Ende, in diese Landschaft einzeichnet, man kann darüber ein eschatologischer Romantiker und ein apokalyptischer Neurotiker werden — das gibt es wirklich, obwohl mir der Takt verbietet, Ihnen Beispiele dieser Art zu nennen — und hat dennoch keinen Deut begriffen von dem , was es heißt, im Kraftfelde des auferstandenen Herrn und zwischen der ersten und der zweiten Wiederkunft als ein wartender und betender Christ zu leben.

Gerade die begabten, phantasievollen und begeisterungsfähigen Bewohner jener Kinderstube der Dogmatik erliegen

* Diese Infragestellung wird im Kierkegaard-Kapitel meiner Theologiegeschichte genauer behandelt: Glauben und Denken. Die großen Systeme der Theologie und Religionsphilosophie, 1983, 524 ff.

leicht diesem Zauber des Gedankens, der des spezifischen Gewichtes seiner Glaubenssubstanz entbehrt. Darum können dem Älterwerdenden manchmal theologiestudentische Diskussionen unheimlich werden. Sie machen auf ihn den Eindruck, als ob Schatten miteinander kämpften, hinter denen keine existente Leiblichkeit steht.

Der Theologaster

Ich habe mir überlegt, ob ich das überhaupt aussprechen oder nicht besser für mich behalten solle. Denn ich möchte dem Kampf der Geister nicht gerne seine Unbefangenheit nehmen und der ästhetisch-intellektuellen Begeisterungsfähigkeit, der Beglückung durch den amor Dei intellectualis keinesfalls mit der müden Resignation des Älteren entgegentreten, die Sie hoffentlich auch nicht bei mir vermuten. Ich möchte nur eines: nämlich *die intellektuelle Hypertrophie des Theologasters* — unter jedem Dogmatik-Katheder und manchmal auch *auf* diesem gibt es solche Typen — als eine Krankheitserscheinung, manchmal freilich auch als ein Heilfieber, sichtbar werden zu lassen. Und meine Bitte geht dahin: Lassen Sie jeden theologischen Gedanken, der Ihnen Eindruck macht, zu einer Frage an Ihren Glauben werden, und nehmen Sie nicht von vornherein an, Sie glaubten das, was Ihnen theologisch Eindruck macht und intellektuell einleuchtet. Sonst glauben Sie plötzlich nicht mehr an Jesus Christus, sondern an Luther oder an den einen oder andern Ihrer theologischen Lehrer.

Eine der am schwersten zu verkraftenden Erfahrungen, die man als theologischer Lehrer macht, besteht darin, daß gerade eine gute, anständige — also keinesfalls nur eine ausschweifende, häretisch prickelnde — Theologie aus den genannten Gründen unser persönliches Glaubensleben gefährdet: Man hat hier ja den Glauben in der Konservenbüchse der Reflexion, man hat ihn auf Flaschen gezogen im Kollegheft und jederzeit reproduzierbar im Gehirn. Unter der Hand stiehlt sich bei uns dann ein völlig neuer Denkstil ein: Wir sagen nicht mehr, wie das der Beter tut: »Herr Jesus Christus, du hast verheißen...«, sondern wir sagen: »Das Kerygma erschließt uns dies und das...« Solange dieser Sprachstil, diese Redeweise (Alloiosis) eine Arbeitstechnik unseres theologischen Handwerks ist, kann man nichts dagegen einwenden. Zu dieser Technik bedarf man eben der sachlichen Chiffren und der verabredeten Termini der Schulsprache. Wir können sozusagen im Labor nicht dauernd liturgisch reden. Bei wie vielen aber ist diese Alloiosis unter der Hand viel *mehr* geworden: nämlich ein Symptom ihres Glaubensstandes oder besser: des Substanzverlustes in diesem Glaubensstand.

Die gebetete Dogmatik

Wer Theologie und erst recht, wer Dogmatik studiert, möge sich genau daraufhin beobachten, ob er nicht zunehmend in der dritten statt in der zweiten Person denkt. Sie wissen, was ich damit meine. Dieser Übergang von der einen auf die andere Denkebene, vom persönlichen Verhältnis zu Gott in die bloß sachliche Beziehung, pflegt genau synchronisiert zu sein damit, daß ich das Wort der Heiligen Schrift nicht mehr als ein Wort an mich, sondern nur noch als Gegenstand der exegetischen Bemühungen lesen kann. Das ist dann eine Vorstufe der schlimmsten und verbreitetsten Pfarrerkrankheit. Denn der Pfarrer kann häufig auch einen Text kaum noch wie einen Brief öffnen, der an *ihn* geschrieben ist, sondern er liest den Text unter Umständen nur unter dem Leitmotiv der Frage: Wie wäre er homiletisch auszuwerten?
Ich bin selbst Pfarrer gewesen und sage das auch gegen mich. Man möge sich daran erinnern, daß Anselm seinen Gottesbeweis im Proslogion mit einem Gebet beginnt, daß seine Dogmatik also eine gebetete Dogmatik war. Man

würde diese außerordentliche Tatsache völlig falsch verstehen, wenn man darin nur eine erbauliche Präambel und also das Zeichen eines besonderen Frömmigkeitsgrades sähe. Anselm sieht hierin nichts anderes als den Ausdruck einer strengen theologischen Sachgemäßheit: Ein theologischer Gedanke kann nur in der Atmosphäre des Dialoges mit Gott atmen. Die theologische Methode ist sachlich dadurch charakterisiert, daß sie den Umstand in Rechnung stellt, Gott habe gesprochen, und nun sei dieses von Gott Gesprochene zu verstehen und zu beantworten. Es *ist* aber nur so zu verstehen, daß ich dieses Gesprochene erstens als an *mich* gerichtet erkenne und daß ich zweitens darauf eingehe, indem ich *antworte.*

Die theologische Methode ist nur von dieser Dialogik aus zu begreifen (Gal. 4, 9). Man bedenke, daß der erste Augenblick in diesem Aeon, in dem man zum ersten Male in der dritten Person und also nicht mehr *mit* Gott, sondern *über* Gott sprach, gerade jener Augenblick war, in dem die Frage aufbrach: »Sollte Gott wirklich gesagt haben?« Diese Tatsache muß zu denken geben.
Dem gegenüber spricht der gekreuzigte Jesus von der äußersten Finsternis der Gottverlassenheit nicht bloß zu den *Menschen,* er beklagt sich nicht »über« diesen Gott, der ihn verlassen habe, sondern er spricht — ausgerechnet in *diesem* Augenblick! — in der zweiten Person zu Gott, er redet ihn »Mein Gott« an und faßt seine Klage selbst wieder in ein Gotteswort der Psalmen, so daß gleichsam der Stromkreis zwischen ihm und dem Vater wieder geschlossen ist. Auch diese Gegenüberstellung sollte uns zu denken geben.
In der neueren Theologiegeschichte kann man den gleichen Vorgang, nämlich den Übergang von der zweiten in die dritte Person, beobachten bei jener Erscheinung, die man als »religionsgeschichtliche Schule« bezeichnet. Die Nivellierung und Relativierung des Evangeliums ist — auch wenn man das in einer geschichtlichen Darstellung kaum so

interpretiert findet — die Folge eines sehr sublimen und zunächst latenten geistlichen Vorgangs: daß man die Rolle eines Adressaten der göttlichen Botschaft mit der Rolle des neutralen Beobachters vertauscht hatte, daß man also tatsächlich von der zweiten in die dritte Person hinübergewechselt war. Ich vertrete es im übrigen auch als methodisches Prinzip der Theologiegeschichtsschreibung, daß man nicht nur die Entwicklung der theologischen Reflexionsgestalten — zum Beispiel die Begegnung mit dem Idealismus, der Existenzphilosophie usw. — in ihrer geistesgeschichtlichen Gesetzlichkeit aufzuzeigen hat, sondern daß es darum geht, die theologische Reflexion als Niederschlag einer geistlichen Entscheidung zu begreifen. Ich würde geradezu die Definition wagen: Theologiegeschichte ist die Geschichte von Christen und ihren Glaubensentscheidungen, dargestellt an Hand der Reflexionen, die sich aus jenen Entscheidungen ergeben haben.*

Theologia sacra und theologia diabolica

Wenn das aber stimmt, das heißt: wenn das Wohl und Wehe des theologischen *Gedankens* entscheidend abhängt von der Atmosphäre der »zweiten Person«, von der Tatsache also, daß die Dogmatik wesensmäßig eine gebetete Dogmatik ist, dann bedeutet das natürlich wiederum einen Anspruch an unsere christliche Existenz. Wer aufhört, ein geistlicher Mensch zu sein, treibt automatisch eine falsche Theologie, selbst wenn sie gedanklich »stubenrein«, orthodox und gnesiolutherisch ist. Sie hat dann doch den Tod im Topf. Die Theologie kann ein Eispanzer sein, der uns erdrückt und in dem wir erfrieren. Und sie kann *auch* — das ist sogar ihr Ziel! — das Gewissen der Gemeinde Christi, ihr Kompaß und in dem allen ein Loblied im

* Unter diesem Leitgesichtspunkt habe ich die genannte Theologiegeschichte verfaßt.

Medium der Gedanken sein. Was von beiden sie ist, hängt davon ab, in welchem Maße hörende und betende Christen hinter diesem theologischen Geschäft stehen. Ich muß als Christ, als hörender und betender Christ, dagegen kämpfen, daß ich von der Theologie erdrückt werde und daß ich also, statt ein miles Christi zu sein, eine Leiche auf dem Schlachtfeld werde.

Man nehme darum das Wort von der theologia sacra nicht zu leicht in den Mund. Die Theologie ist eine sehr menschliche Sache, sie ist ein Handwerk und manchmal eine Kunst. Aber sie ist letzten Endes durchaus ambivalent. Sie kann eine theologia sacra und eine theologia diabolica sein. Das hängt von den Händen und den Herzen ab, die sie treiben. Was von beidem aber sie ist, braucht nicht daran erkennbar zu sein, daß sie im einen Falle orthodox und im andern häretisch wäre. Ich glaube nicht, daß Gott ein kleinlicher Splitterrichter der theologischen Gedanken ist. Wer einem verfehlten Leben Vergebung gewährt, wird auch schon ein großzügiger Richter theologischer Reflexionen sein. Auch der orthodoxe Theologe kann geistlich tot sein, während der Häretiker vielleicht auf verbotenen Nebenpfaden zu den Quellen des Lebens schleicht.

Wie entscheidend es ist, daß hinter der theologischen Arbeit ein lebendiges geistliches Leben im Umgang mit der Heiligen Schrift und inmitten der Gemeinde gelebt wird und daß die ogygischen Schatten der Gedanken von dorther immer wieder ihr Blut beziehen, das wird mir besonders eindrucksvoll deutlich an der Art, wie die historisch-kritische Schriftforschung auf junge Theologen zu wirken pflegt. Woran liegt es, daß sie dem jungen Glauben oft schwerste und manchmal tödliche Wunden schlägt — während wir als theologische Lehrer niemandem diese Anfechtungen ersparen können? Ich glaube, wenn man einem ganz schlichten, aber gegründeten homo spiritualis — etwa einem altpietistischen Stundenbruder oder einem aufgeschlossenen Glied der Hahnschen Gemeinschaft — die Fragen der Bibelkritik klarmachen und ihm zeigen würde, wie dadurch die Einheit des biblischen Zeugnisses letztlich nicht zerstört, sondern wie im Gegenteil die Polyphonie der Zeugen und also die Fülle (das Pleroma) der Botschaft in ihrem Nuancenreichtum zur Erscheinung kommen kann, dann würde ihn das nicht erschüttern. Vielleicht wüßte er sich sogar bereichert. Eigentlich sollte ich gar nicht von einer bloßen »Vermutung« sprechen, daß ein solches Gespräch so ausgehen könnte. Ich habe es nämlich selbst wiederholt ausprobiert. Natürlich gibt es auch eine Art von sektiererischer Vernagelung, die unansprechbar ist. Mit einer gewissen Sorte von Sektierern kann man ebensowenig reden wie mit Ideologen.

Vom theologischen Labor in die Bergluft

Dafür, daß die Auswirkung dieser Erkenntnisse im studentischen Alter oft so ganz anders ist und schwere Traumata auslöst, scheint es mir eine sehr einfache Erklärung zu geben: Ehe der theologische Anfänger das Urgestein des biblischen Heilsgeschehens, zum Beispiel die Schöpfungsgeschichte und den Bericht vom Sündenfall, wirklich erblickt hat, ehe er die Alpengipfel der göttlichen Gedanken in ihrer maiestas erfahren hat, wird er mit den mineralogischen Analysen jenes Gesteins vertraut gemacht. Wer aber, ehe er Alpinist war, geologische Formationen auf Karten und graphischen Darstellungen studiert und mineralogische Formeln aus einem Tabellenwerk zur Kenntnis nimmt, wird kaum noch in der Lage sein, das, was die Alpen sind, überhaupt zu begreifen. Ich gestehe, daß es für mich zu den unlösbaren Aporien des Theologiestudiums gehört, daß es keine Wege zu geben scheint — aus rein praktischen Gründen nicht! —, um hier die umgekehrte und also gesunde Reihenfolge der Erfahrungen durchzusetzen. Um so wichtiger ist es aber, ständig und fast monoton darauf hinzuweisen, daß man beim Hören theologischer Vorlesungen geistlich erkrankt, wenn man nicht viel und intensiv in der Bibel *liest* und wenn man die Gelegenheiten nicht ausnützt, wo in Predigten und Bibelarbeiten jenes Urgestein sichtbar gemacht wird.

Bitte fassen Sie das nicht nur als einen Anspruch, sondern auch als Zuspruch auf. Hätte ich das während des Semesters nicht wenigstens *einmal* ausgesprochen, so würde ich mir eine Pflichtverletzung vorwerfen müssen, und ich würde von dem lähmenden Gefühl nicht loskommen, daß ich trotz aller vielleicht unanfechtbaren dogmatischen Gedanken — aber nicht einmal das kann ich ja so einfach behaupten! — ein geistlicher Verführer wäre. Man kann eine dogmatische Vorlesung nur richtig, das heißt sachgemäß hören, wenn man zu allen gedanklichen Analysen dieses Korrektiv des schlichten Hörens und Sehens mitbringt. Weil ein Mann wie Spurgeon gerade zu dieser Art des Hörens und Sehens erzieht, halte ich ihn für einen theologischen Trainer besonderen Ranges und kann Ihnen seine Anleitungen für werdende Prediger nicht genug empfehlen. (Darum setze ich an den Schluß dieses Buches auch ein Portrait des geistlichen Menschen Spurgeon.)

Wir arbeiten hier sozusagen im mineralogischen Labor. Es wird aber, was die Zusammenordnung der Erkenntnisse anbelangt, alles falsch, wenn man nicht selber auf die Berge steigt und die Luft da oben atmet. Wir alle kennen theologische Laboratoriumsfiguren und eiskalte Reißbrettleute, von denen ein ertötender Hauch ausgeht. Wir sind alle davon bedroht, in den Laboratorien zu verdorren, statt in den Domen uns selber und damit das Leben zu finden. Kurz gesagt: es entspricht der theologischen Sachlichkeit oder — wie man heute gerne sagt — es ist theologisch »legitim«, daß zum dogmatischen Hörsaal das Leben in der hörenden und betenden Gemeinde gehört.

Ich weiß, liebe Commilitonen, daß es ungewöhnlich ist, ein dogmatisches Kolleg so zu beginnen, wie ich es diesmal getan habe. Aber ich mußte dieses kleine geistliche Exercitium an den Anfang stellen, weil mich das Vertrauen einer

ganzen Reihe von Hörern immer wieder mit der Not vertraut gemacht hat, die hinter dem Theologie-Studium stehen kann, und weil ich mich selbst auch in meiner Arbeit vor der Gemeinde Christi rechtfertigen möchte. Gerade die Jahre meiner weltlichen Managerämter, in denen ich keine Vorlesungen halten konnte, haben mir einen Abstand gegeben, in dem mir diese Lage der Dinge in der dringlichsten Weise deutlich wurde.
Mir ist die Verbindung zwischen dem Theologen und dem geistlichen Menschen selber ganz neu aufgegangen. Das werden Sie hoffentlich auch dann bemerken, wenn wir uns auf weiten Strecken in der Sphäre abstrakter Gedanken bewegen werden und wenn die Anweisungen zur geistlichen »Hygiene«, die ich mir zu Anfang erlauben mußte, in dieser Weise so bald nicht wiederkehren werden. Behalten Sie diese ersten Stunden deshalb bitte als ein Motto im Gedächtnis, das über dem Ganzen unserer dogmatischen Arbeit stehen soll.

II.
DAS VERHÄLTNIS DES ANGEHENDEN THEOLOGEN ZU SEINEM SPÄTEREN AMT

Worum es mir geht

Eines meiner in Hamburg gehaltenen Seminare behandelte das Thema »Systematische Theologie und Homiletik«. Es führte uns nicht nur in das Zentrum der heutigen theologischen Diskussion und an jene kritische Stelle, wo die sogenannte »konservative« und die sogenannte »moderne Theologie« (welch törichte Begriffe!) aufeinanderprallen, sondern sie ließ auch persönliche Gewissensnöte laut werden, die fast mehr nach dem Seelsorger als nach dem Lehrer riefen. Den letzten Stunden legte ich ein Referat zugrunde, in dem ich einiges Zusammenfassende, einiges Programmatische und Hilfreiche sagen wollte. Dieses Völklein da in meinem Seminar, das sich aus mancherlei Nationen zusammensetzte, war beglückend in seinem Ernst, seiner Ehrlichkeit und seinem Engagement. Und doch war die Trauer darüber spürbar, daß eine ganze Anzahl die Freude an der Verkündigung und damit am Herzstück des späteren Berufes zu verlieren drohte. Hier schien die Lähmung einer geheimen Resignation um sich zu greifen. Zugleich war das zu erkennen, was dann die Gemeinden an ihren jungen Predigern nicht selten zu spüren meinen und was ihr Mißtrauen gegenüber allem anheizt, was diese Leute auf der Universität lernen.
Woran liegt der Verlust der Freude (und zwar oftmals bei Menschen, die bereit sind, sich zu engagieren und sogar ihren Lebensberuf unter diesem Aspekt gewählt haben)?

Was ist hier passiert? Und was kann man tun, um dieser Seuche entgegenzutreten? Vom Verlust und vom Wiederbeginn der Predigtfreude, das war unser geheimes Thema. Die im folgenden abgedruckten Sätze — sie sollen in ihrer ursprünglichen Gestalt erhalten bleiben und die Lebendigkeit einer Seminarsitzung widerspiegeln — haben die Studenten sehr beschäftigt. Auch andere, die sie ganz oder teilweise zur Kenntnis nahmen, waren von manchem bewegt und ließen mich ein Echo spüren.
Die »erwachsenen« Theologen, die Vikarsväter im besonderen und die Verantwortlichen im kirchlichen Ausbildungswesen könnte es ebenfalls interessieren, was sich in der jungen Generation begibt und wie wir Lehrer ihre Probleme sehen. Endlich halte ich es nicht für ausgeschlossen, daß dieses Thema noch eine ganz andere Gruppe von Lesern interessieren könnte: einige Journalisten vielleicht, die in den letzten Jahren die Stichworte der Auseinandersetzung oft genug aufgegriffen haben, und vor allem gebildete Vertreter der Gemeinde, die nicht nur über die »moderne Theologie« jammern, sondern den Problemen auf den Grund gehen möchten. Dieser letzteren Gruppe darf ich zum Verständnis des Folgenden noch ein besonderes Wort sagen:
Die Theologie lebt von bestimmten Fragestellungen (z.B.: wie verhalten sich Glaube und Geschichte, Immanenz und Transzendenz, Gegenwart und Zukunft, Vernunft und Offenbarung zueinander?). Die Gemeinde aber lebt von den Antworten. Das heißt, sie erkundigt sich: Was kommt dabei heraus? Um ein Beispiel zu gebrauchen: Hinter dem, was man mehr unglücklich als glücklich »Entmythologisierung« genannt hat, steckt eine fundamentale Fragestellung, nämlich die nach der historischen Gegenständlichkeit der Offenbarung. Die Gemeinde aber sieht primär nicht die Fragestellung und erst recht nicht ihr Gewicht, sondern sie beobachtet, daß unter der Direktion einer wie immer beschaffenen Fragestellung die Glaubensgehalte zusammenzuschrumpfen und ärmer zu werden scheinen. Da-

durch ist das ganze Unternehmen dann schon gerichtet, und in Form einer recht naiven Reaktion darauf sagt man vielleicht: »Laßt die Finger lieber davon, wenn ein ›anderes Evangelium‹ oder ein Subtraktionsexempel dabei herauskommt!« In extremer Form — krasser noch als bei manchen fundamentalistischen Richtungen in Amerika — ist mir diese Position bei einigen gnesiolutherischen Gruppen in Australien begegnet. Sie halten es bereits für Blasphemie, einen Vortrag über die genannten Fragen auch nur anzuhören oder ein entsprechendes Buch zur Kenntnis zu nehmen. Sie braten sozusagen immer nur im eigenen Fett ihres monomanen Gruppengeistes.

Kurz gesagt, ist es also so:

In dem *einen* Bereich — in der Theologie — sind die *Fragestellungen* das Wichtigste (ohne ein Prophet sein zu wollen, wage ich doch zu sagen, daß z.B. die Fragestellungen Bultmanns noch lange weiterleben werden, wenn seine Antworten längst überholt sind). Im *andern* Bereich — in der Gemeinde — interessieren fast ausschließlich die *Antworten.* Schon damit ist eine sozusagen konstitutionelle Spannung zwischen Theologie und Gemeinde gegeben.

Im folgenden möchte ich zum »Verstehen« der beiderseitigen Positionen anleiten: ich möchte andeuten, daß auch mir die Antworten gewisser theologischer Richtungen als unannehmbar erscheinen. Da ich aber Theologe genug bin, um die *Fragestellungen* für entscheidend zu halten, so kann ich nicht dazu aufrufen, gefährliche Probleme zu umgehen, sondern sie in einer andern Richtung zu durchschreiten.

Man kann eine theologische Position, die man für abwegig hält, nur dann überwinden, wenn man an ihren Fragestellungen gerade *nicht* verachtungsvoll vorübergeht, sondern sie *anders* löst und ihnen, wie das im folgenden versucht wird, vor allem einen andern Stellenwert im Ganzen der Theologie zumißt. — Freilich kann das hier nur in Spurenelementen angedeutet werden. Der Verfasser hat im 1. Bande seiner Dogmatik (Der evangelische Glaube) genauer darüber gehandelt.

Unsern Theologiestudenten kommt das, was sie in ihrem späteren Amt erwartet oder zu erwarten scheint, vielfach wie ein Schreckgespenst vor, das sie während der Studienzeit tunlichst verdrängen. Der deutsche Theologiestudent ist im allgemeinen völlig von seiner akademischen Arbeit absorbiert. Obwohl uns Lehrern das eigentlich willkommen sein müßte — weil es sich ja als Fleiß, Konzentration und Engagement kundgibt —, ist uns das doch oft unheimlich. Kann ein Studium so ausgesprochen losgekettet werden von dem Berufsziel, dem es letzten Endes dienen soll? Wann taucht je in einer Seminardiskussion oder im Anschluß an eine Vorlesung die Frage auf: Wie kann ich dies oder das für meine Verkündigung fruchtbar machen? Oder: Was bedeutet dies und das (z.B. die historisch-kritische Schriftforschung) für die Aufgabe, ja für die »Möglichkeit« der Verkündigung? Dieser Vorausblick auf das spätere Leben scheint aus der jungen theologischen Existenz wie verbannt, er scheint verdrängt zu werden: eine eigentümliche Umkehrung des *früheren* Verhältnisses von Studium und Amt. (Manche Anzeichen scheinen darauf hinzudeuten, daß sich allmählich eine Wendung anbahnt, und zwar keinesfalls nur deshalb, weil das Pfarramt wegen der angeschwollenen Zahl der Anwärter rar geworden ist!) Einstens konnte man den Seufzer vernehmen, was einem der theoretische Kram auf der Universität denn für die Praxis nützen könne. Demgegenüber stellt man heute die rhetorische Frage — gerade die Begabten fragen vielfach so —, was einen der Blick auf die *Kanzel* denn nütze, wenn man mit dem Problem des historischen Jesus, mit der Relation »geschichtlich — historisch« oder mit der Krise des Subjekt-Objekt-Schemas befaßt sei. Würde dieser Vorausblick nicht gerade zur Unsachlichkeit verführen? Müßte er nicht die Unerbittlichkeit, die Radikalität unserer Fragestellungen stören? Welcher eigentümliche Wandel der Dinge! Man muß in

Amerika einmal erlebt haben, wie die dortigen Theologiestudenten auf das Amt der Verkündigung brennen, ihr Studium in dessen Licht sehen und vorwegnehmend den Dienst der Verkündigung immer schon ausüben, um den ganzen Abstand der Situationen zu erfassen. Damit möchte ich aber die jungen Amerikaner nicht einseitig herausstreichen und als Vorbild hinstellen. Bei ihnen mag es wieder andere Formen eines theologischen Defizits geben, obwohl man sich vor jeder Pauschalierung hüten sollte.

Jedenfalls: der deutsche Theologiestudent schreckt weithin vom Amt des Pfarrers zurück. In nicht ganz wenigen Fällen steigt er zu guter Letzt aus und sattelt um; oder er geht in den Journalismus, zum Fernsehen und zum Rundfunk; oder er sucht den akademischen Aufenthalt durch Promotion zu verlängern. Damit möchte ich beileibe nicht sagen, daß alle solche Übergänge oder daß auch nur ein hoher Prozentsatz von ihnen so zu erklären seien. (Auch mein Pessimismus hat seine Grenzen!) Aber es *gibt* immer wieder diese Fälle, und wie gesagt: oft sind es die lebendigsten, sind es die originalen und eigenständigen Naturen, die hier kapitulieren.

Woran liegt diese Angst vor dem Amt?

Einer der Gründe ist sicher, daß man vor den retardierenden Momenten zurückzuckt, die in unserer volkskirchlichen Struktur liegen. Es ist die Angst vor der Kirche als Institution, als Bürokratie. Man empfindet diese Situation nicht nur als lähmend, sondern vor allem als unwahr. Die Unwahrheit scheint z. B. darin zu bestehen, daß die Kirche infolge des Schwergewichtes der Tradition viel größere öffentliche Räume einnimmt und ein viel größeres finanzielles Volumen besitzt, als es ihrer geistlichen Potenz entspricht. Der Gedanke, was passieren würde und übrig bliebe, wenn diese institutionellen Stützen einmal fielen, gebiert geradezu makabre Vorstellungen. Es sind nicht die schlechtesten, die sich angesichts dessen die Frage stellen: Wie kann ich das Wort der Wahrheit in einem Rahmen verkündigen, der durch eine institutionelle Verfremdung der Botschaft bestimmt ist? Ich möchte zu diesem Teil der Problematik hier nicht weiter Stellung nehmen. Sie erfordert eigene Überlegungen. Im übrigen ist sie nicht ganz so einfach, wie sie nach der eben wiedergegebenen Vorstellung des Theologiestudenten zu sein scheint.

Mir kommt es hier und heute auf einen *zweiten* Grund an, der jenes Zurückzucken vom Amt bestimmt und der meine Verantwortung als theologischer Lehrer ungleich mehr tangiert: Ich glaube nämlich zu sehen, daß es nicht zuletzt unsere Theologie *selber* ist, die lähmend wirkt, die die Freudigkeit (die Parrhesia) des Zeugendienstes zersetzt und einen unheimlichen Graben zwischen Kanzel und Katheder aufreißt. Ich frage mich, ob die Gemeinden nicht instinktiv spüren, daß die jungen Theologen, die sie von unseren Fakultäten beziehen, durch ihre theoretische Arbeit so etwas wie eine Lähmungsspritze bekommen haben könnten, daß ihnen alle Spontaneität mündiger Kinder Gottes genommen zu sein scheint und daß man ihre theologische Bildung im wesentlichen an den Hemmungen erkennt, die sie nun als Verkündiger haben. Ich bemühe mich jedenfalls — wie schon im vorigen Kapitel —, mir die Vorstellung eines »schlichten Gemeindegliedes« einmal klarzumachen, ohne sie damit einfach für richtig zu erklären und ohne vor allem die Begründung zu übernehmen, die jenes Gemeindeglied sich nun selbst dafür gibt oder die ihm von den vielen Gegnern der »Universitätstheologie« (was ist das überhaupt?) eingeredet wird.

Etwas ist jedenfalls »dran«, das müssen wir zugeben. Auch ich habe aus meiner Sprechstunde und aus unzähligen Gesprächen mit meinen Studenten den Eindruck, daß die theologische Arbeit ihnen die Möglichkeit des Predigens oft fraglich erscheinen und sie davor zurückschrecken läßt. Sicher ist das nicht *nur* negativ zu interpretieren! Jede tiefer dringende Reflexion nimmt einem zunächst — mit vollem Recht! — die Naivität, zwingt einen zu Infragestellungen und vollzieht so einen Akt der Läuterung. Wie in Kleists »Marionettentheater« ist zwischen die primitive und die geläuterte Naivität die Reflexion eingeschaltet. Und diesen Dienst tut uns auch die Theologie mit ihren oft männermordenden Fragestellungen.

Kommen wir aber mit dieser Erklärung durch, wenn wir das ganze Ausmaß der Lähmung bedenken, die weite Formationen unserer jungen theologischen Adepten befallen hat? Ob nicht doch hier einiges krank ist und einmal diagnostiziert werden müßte?

Mag denn die Theologie tatsächlich Zwischenstadien hervorbringen, in denen sie Schockwirkungen ausübt, in denen sie das Vertraute verfremdet und das bisher Selbstverständliche zur Frage werden läßt: müßte aber das alles nicht als fruchtbarer Durchgang erkennbar sein, wenn alles in Ordnung wäre? Es kann doch nicht zum *Wesen* der Theologie gehören, daß sie uns ärmer werden läßt an Möglichkeiten! Ihr Sinn weist doch in die entgegengesetzte Richtung: sie soll uns doch befruchten, sie soll helfend und fördernd dem Verkündigungsdienst *beistehen.* Eine Theologie, die nicht gepredigt werden könnte, müßte mit dem Verdikt versehen werden, schlechte Theologie zu sein. Ist es nicht *so*? Haben wir also eine schlechte Theologie, weil sie nicht nur nicht, wie es vielfach scheint, zu predigen ist, sondern weil sie selbst die *Möglichkeit* der Predigt offensichtlich in Frage stellt? Wie soll man sich das erklären?

Theologie und Verkündigung

Mir scheint es dafür einen sehr einfachen, aber fundamentalen Grund zu geben: nämlich eine krankhafte Veränderung in der Relation von Theologie und Verkündigung. Diese Veränderung ist insofern krankhaft, als die Situation der Verkündigung weithin aufgehört hat, der legitime Ort zu sein, von dem *her* man seine theologischen Fragen empfängt, daß also die theologische Problematik sich gegenüber der Verkündigung verselbständigt oder, wie man heute gerne sagt, »emanzipiert« hat.

Ich mache Ihnen am besten an einem eigenen Erlebnis deutlich, was ich damit meine:

Ich habe seinerzeit als akademischer Lehrer von der Pike auf gedient und habe die Ochsentour des werdenden Privatdozenten absolviert. Ich war all die Jahre nie im praktischen Amt und habe kaum je gepredigt. Deshalb kann ich die Hemmungen des heutigen Theologiestudenten so gut verstehen; ich habe sie selber gehabt und sagte mir: Bis du mit deinen Vor- und Grundsatzüberlegungen fertig bist, kannst du nicht auf die Kanzel. Wenn die Planungsarbeit im Labor zu Ende ist, mag ja die »Fertigung« einmal kommen. Ehe es aber dann so weit war, wurde ich abgesetzt und mußte, da ich nun einmal Theologe war, Pfarrer werden. Was ich dann erlebte, war erstaunlich: Im Vollzug der Verkündigung, die ich zunächst als abenteuerliches, weil theoretisch nicht genügend unterbautes Wagnis empfand, merkte ich überhaupt, was Verkündigung ist: daß das Wort sich einstellte, daß es mit seiner Zeugniskraft und Geistwirkung da war und daß es nicht auf die cooperatio des theologisch Zugerüsteten angewiesen zu sein schien. Nun bahnte sich bei mir die Umkehrung des bisherigen Verhältnisses von Theologie und Verkündigung an: ich fragte jetzt vom Vollzug der Verkündigung zurück nach dem, was sie begründete; ich fragte: Was ist eigentlich dieses Wort Gottes, was da den Beweis des Geistes und der Kraft von sich aus antritt? Ich fragte von dem Dienst aus, den ich tat (und den er an *mir* tat), zurück nach dem Dienst der Patriarchen, Propheten und Apostel und nach den Gliedern jener Stafette, von denen ich den Stab empfangen hatte.

Liegt unser Elend nicht darin, daß wir weithin eben *nicht* mehr so aus dem Vollzuge der Verkündigung nach ihrer

Begründung zurückfragen, sondern daß wir umgekehrt und in pervertierter Weise von der theologischen Theorie vorausfragen nach der einsehbaren Möglichkeit der Verkündigung? Muß dieses Experiment dann nicht scheitern, weil die Versuchsanordnung falsch und unsachgemäß ist und weil wir persönlich die Rechnung gemacht haben, ohne die Realität des Heiligen Geistes in Anspruch zu nehmen?

Was dabei herauskommt, wird uns ja ad oculos demonstriert: Indem wir theoretisch die Möglichkeit durchreflektieren, ob es überhaupt möglich sei und was es heiße, von Gott zu reden, über Transzendenz etwas mit den Denkschemata der Immanenz auszusagen usw., werden wir in die Situation der *permanenten Vorfrage* zurückgeworfen. Wir überzeugen uns nicht mehr durch den Vollzug der Verkündigung, *daß* sie möglich ist und daß das testimonium Spiritus Sancti Ereignis wird. Sondern wir konstruieren a priori, auf welche Weise und wo der Geist zu wehen hat. »Das Verstehen von Berichten über Ereignisse als Handeln Gottes (setzt) ein Vorverständnis dessen voraus, was überhaupt Handeln Gottes heißen kann«, wird uns von prominenter Seite gesagt. So wird im vorhinein konstruiert, auf welchen Bahnen das testimonium Spiritus Sancti mich in die Wahrheit leiten kann und welche Möglichkeit von Wahrheit sich überhaupt zu ergeben vermag. Weil aber dieser Versuch allzu grotesk wäre, unterbleibt besser — nicht ohne Recht — der Bezug auf den Geist überhaupt. Denn diese ganze Anlage ist a limine pneumawidrig.

Ob es nicht nachdenklich stimmen muß, daß und warum die Lehre vom Heiligen Geist heute ein solches Schattendasein führt (und zwar gemeinsam in Theologien, die in sich sehr verschieden voneinander sind)? Läßt dieser pneumatische Vitaminmangel unserer Theologie (und auch unserer Kirche!) nicht gerade den Skorbut eines schwärmerischen Pfingstlertums zustandekommen, das den heiligen Geist vom Worte löst und ins Ungezügelte schweifen läßt?

Jedenfalls: Indem wir vorweg nach der »Möglichkeit« von Verkündigung fragen, statt uns — vom Vollzuge aus rückblickend — nach ihrer Begründung zu erkundigen, bleiben wir in den Vorfragen stecken. Dieses Steckenbleiben zeigt sich heute vor allem in der Fixierung auf die *Hermeneutik*, also auf das, was man in der Philosophie Erkenntnistheorie und Methodologie nennt. Hierbei geht es um »späte« Disziplinen, die dem Motiv der Skepsis entstammen. Das ist natürlich kein Einwand gegen sie. Denn selbstverständlich muß man Skepsis akzeptieren, wenn sie einmal ausgebrochen ist, muß man sich ihr folglich stellen und darf sie nicht verdrängen. Insofern sage ich auch nichts gegen hermeneutische Bemühungen. Es wäre geradezu albern, das zu tun! Es geht lediglich um den Stellenwert, den sie in der Gesamtheit des theologischen Unternehmens einnehmen. Nur *darauf* beziehen sich meine Bedenken. Wenn nicht dem Selbstverweis des Verkündigungsaktes Evidenz zugetraut wird, kann die vorlaufende Reflexion über die »Möglichkeit« von Verkündigung nur ad infinitum ausgedehnt werden. Und das bedeutet dann: Man bleibt in den hermeneutischen Etüden stecken. »Man schleift dauernd Messer, hat aber nichts mehr, um damit zu schneiden« (Karl Rahner).

Dieses Fixiertsein an die Endlosigkeit der Vor-Fragen führt zu einer Art Neurose, führt zur Angst vor der Predigt bei den Studenten. Ihre beklommene, teils eingestandene, teils ins Unterbewußte verdrängte Frage lautet dann: Wie kompliziert und unendlich sind die Arbeitsgänge, die ich erst durchlaufen muß, bis ich eine Predigt verantworten kann! Unter dem Druck dieser Frage schwindet jede Parrhesia. Neurosen manifestieren sich darin, daß man wirklich auf *einen* Punkt fixiert ist. In welcher Weise sich diese Fixierung unter uns begibt, zeigt sich an einer eigentümlichen Verschiebung der Schwergewichte unseres Studiums, also an einer Änderung seiner Ökonomie beim heutigen Normalstudenten. Diese Verschiebung besteht darin, daß er fast ausschließlich auf *die* Fragestellungen konzentriert ist, mit denen uns die Neutestamentler durch die Probleme der Formgeschichte, der historisch-kritischen Schriftforschung und der durch sie ausgelösten hermeneutischen Grundsatzprobleme bestürmen. Demgegenüber tritt die Systematische Theologie erstaunlich — und im Vergleich mit den zwanziger und dreißiger Jahren geradezu bestürzend — zurück. Wir merken das nicht etwa daran, daß unsere Vorlesungen und Seminare weniger besucht wären, aber wir merken es an der methodischen Art, wie man seine Seminararbeiten macht, an den Themen der theologischen Normaldiskussion und in den Predigtübungen der Praktischen Theologie.

Die Schrumpfung des systematischen Interesses

Um es gerade an dem Letztgenannten zu verdeutlichen: Da wird eine oft druckreife »saubere« Exegese geliefert, die mit allen handwerklichen Schikanen gearbeitet ist. Danach erfolgt eine magere Meditation, und schließlich gebiert der kreißende exegetische Berg ein kümmerliches Mäuslein von Predigt, das in einem beklemmenden Mißverhältnis zu dem vorangegangenen schweißtreibenden Aufwand steht. Kaum eine Bemühung um die Sachaussage der Texte, um die Frage etwa, was Rechtfertigung aus dem Glauben, was Vergebung, neue Schöpfung heißt, wohl aber die Frage, wie man das, was in seinem Sachgehalt kaum durchreflektiert ist, nun dem modernen Menschen sagen könne. (Gilt nicht auch hier der Satz, daß ich nur das, was ich selber verstanden habe, einem anderen verständlich machen kann?)
Neben der exegetischen Arbeit am Text spielt dann diese Exegese des modernen, vermeintlich nach-religiösen, jedenfalls säkularen Menschen noch eine einigermaßen ähnliche Rolle. So bleibt man auch in diesem zweiten Akt

wieder in der Methode, in der Frage »Wie mache ich's und wie sage ich's meinem Kinde?« stecken. Die Frage nach dem »Was« der Sache, jenes klassische Thema der Systematischen Theologie, bleibt unbelichtet. Was ich aber als Sache nicht begriffen habe, kann ich natürlich auch in seinem Wie nicht weitersagen.
Denn die Methode ergibt sich ja aus der *Sache*, der ich mit methodischen Mitteln nahekommen will. Infolgedessen muß ich, ehe ich die Methodenfrage anschneide, bereits ein vortheoretisches Wissen um meinen Gegenstand haben. Das heißt praktisch: Ehe ich die angemessene *Methode* für ein Thema des Glaubens wähle, muß ich *glauben*. Und indem ich das tue, habe ich bereits jenes vortheoretische Verhältnis. Die Beziehung zur Sache geht insofern immer der Wahl meiner Methoden und der methodischen Arbeit selbst *voran*.
Bei uns aber scheint das ins Umgekehrte pervertiert zu sein: Als kaum zwanzigjähriger Student, der eben erst die Sache der Theologie in den Blick genommen und die Bibel kaum als gründlicher Leser durchgenommen hat, lerne ich die Methoden zu ihrer Erforschung, z.B. zur Unterscheidung ihrer Quellen, kennen. Ich weiß — und kann im Examen dann munter darüber plaudern —, welche hermeneutischen Prinzipien oder formgeschichtlichen Kriterien bedacht werden müssen, wenn ich diesen oder jenen Text zu exegesieren habe — *sofern* ich ihn lesen und kennen würde. *Habe* ich ihn aber gelesen und in mich aufgenommen? Die Examina zeigen oft ein groteskes Mißverhältnis zwischen altklugem, gleichsam vorweggenommenem Methodenwissen des Kandidaten und seiner materialen Ignoranz in puncto Bibelkunde. Er weiß, wie man es machen müßte, *wenn* man es macht. Nochmals: *hat* er es aber gemacht? — Ich übertreibe gewiß ein bißchen, sicherlich. Es ist aber mehr Realität darin, als mir lieb ist.
Diese Beobachtungen veranlassen mich, eine andere Studienordnung zu empfehlen, als sie weithin üblich ist. Die klassische und traditionelle Reiseroute des Theologie-

studenten durch die Universität sieht vor, daß zuerst die Exegetica und die Kirchengeschichte kommen, ehe der Student zu den höheren Sphären der Systematik aufsteigen darf. Der heutige Fixierungsvorgang aber, von dem ich sprach, bringt es mit sich, daß dieser Aufstieg weithin überhaupt unterbleibt oder durch Kompendiensurrogate ersetzt wird. (Man muß ja im Examen etwas darüber wissen!) Demgegenüber wäre schon den Anfangssemestern zu raten, systematische Vorlesungen zu besuchen (vielleicht müssen wir allerdings Spezialvorlesungen ad usum Delphini für sie einrichten) — einfach damit sie von Anbeginn mit dem einigenden Band theologischer Sachfragen bekanntgemacht und dadurch gegen jene Fixierung an zwar wichtige, aber höchst partielle Probleme immunisiert werden.

In jeder Generation — darf ich es einmal boshaft und zugespitzt sagen — bringen uns die Neutestamentler mit neuen Einfällen durcheinander. Wer sich dem ohne Seitenblicke nach rechts und links und ohne die produktive Korrektur vom Ganzen der theologischen Thematik her überläßt, muß Schaden leiden. Daß wir gerade den Neutestamentlern diese Hypothek verdanken, liegt sicher nicht zuletzt daran, daß das Neue Testament ein quantitativ sehr kleines Buch ist, das es schlecht verträgt, wenn jahrhundertelang ein Heer von Gelehrten jeden Buchstaben umdreht und in dem durchforsteten, fast kahlgeschlagenen Gelände manchmal die abenteuerlichsten Hypothesen aufgestellt werden müssen, um einen scheinbar originalen Pfad zu finden. Die klassische Philologie hat zu riesige Stoffquanten, um gleichen Gefahren ausgesetzt zu sein. Was möchte sonst aus Homer geworden sein! Das Neue Testament aber wird wie eine Untertasse behandelt, auf der ein Ballett tanzt.

Nun — zu diesen gewagten Formulierungen habe ich mich gelegentlich verstiegen, und ich spreche sie eigentlich nur aus, um Sie zum Widerspruch zu reizen. Ich bin freilich gespannt, wie Sie ihn begründen wollen.

Ich habe öfter mit meinem verstorbenen Freunde Wolfgang Schadewaldt, dem großen klassischen Philologen in Tübingen, über diese Fragen gesprochen. Er hat sich als Christ von *seinem* Fach her wiederholt der synoptischen Tradition angenommen und auch Seminare darüber gehalten. Einmal gelang es mir sogar, ihn zu einer Vorlesung über die »Zuverlässigkeit« dieser Tradition in unsere Hamburger Fakultät zu holen, was zu einer gewaltigen Redeschlacht führte. Er sagte mir gelegentlich, was wohl aus der Homer- oder Plato-Forschung geworden wäre, wenn man hier jedes »men« und »dé« um und um wälzen würde, wie es bei dem winzigen Textbereich des Neuen Testaments möglich sei und auch geschähe. Er machte uns bei seinem Hamburger Auftritt an Bultmanns Auslegung des Sämann-Gleichnisses deutlich, wie man hier vor lauter Bäumen den Wald, sprich: die *Wahrheit* des Gleichnisses, nicht mehr sehe, einem »Hyperkritizismus« erliege und einfach das Gespür für das »Aroma der Wahrheit«, für den »Duft der Ursprünglichkeit« verliere. Es war ein einziger Anruf dieses berühmten philologischen Analytikers an die Theologen, die Methodenfragen nicht zur Beckmesserei werden zu lassen und für den originalen Sachgehalt des neutestamentlichen Kerygma aufgeschlossen zu bleiben.

Die Bibel selbst ist voller Theologie

Doch möchte ich Ihren Blick nun über alle Situationsbeobachtung hinaus noch auf das eigentliche und theologische Problem lenken, das mir hinter der beschriebenen Predigtangst zu stehen scheint:
Wenn die Predigtaufgabe aus der Perspektive des heutigen Theologiestudenten so desolat aussieht, so ist das nicht nur darin begründet, daß eine Fülle verwickelter Vorfragen geklärt werden muß, sondern auch in dem, was sich als *Resultat* dieser Vorüberlegungen ergibt. Ich will von dem, was aus dem Zerrungsgürtel zwischen Offenbarungsan-

spruch und historischer Relativität gegen uns andrängt, nur *einen* Gesichtspunkt als Beispiel herausgreifen:
Das auf der Kanzel aufgeschlagene Bibelbuch, dem ich einen Text zu verkündigender Auslegung entnehme, gehört doch offensichtlich wesenhaft zur Predigt hinzu. Wie aber, wenn dieses Buch mir unter den Händen historisch zerrinnt und dann das reformatorische sola scriptura zur Makulatur wird, wenn es selber — im besten Falle — nur ein Zeugnis ist, wie ich es eben selbst abzulegen im Begriffe bin? Müßte dieses Bibelbuch nicht, um normativen Rang für meine Predigt zu haben, um also ihre Textgrundlage zu bilden, eine *Einheit* sein (wobei wir diesen Begriff durchaus elastisch und spannungsreich, also durchaus nicht im Sinne statischer Uniformität zu verstehen brauchen)? Legt sich nicht dieses Postulat der Einheit insofern nahe, als ein Kanon, in dem Verbindliches und Nicht-Verbindliches oder gar Wider-einander-Streitendes zu einem Konglomerat vereinigt wären, eben *aufhören* müßte, ein Kanon zu sein? Droht aber der Kanon der Bibel (und insofern dann ihre mögliche Funktion, verbindliche Textgrundlage meiner Predigt werden zu können) nicht tatsächlich in lauter Disparatheiten zu zerfallen? Haben nicht schon die Evangelien, von der Briefliteratur ganz zu schweigen, ihre eigenen theologischen Profile, haben die Verfasser nicht eine bestimmte theologische Konzeption in das überlieferte Nachrichtenmaterial über den irdischen Jesus hineinprojiziert, so daß wir das einigende Band nicht selten aus dem Auge verlieren können und daß wir eigentlich vor *Alternativen* zu stehen scheinen: Für *welche* Variante (für die des Markus oder die des Matthäus) sollen wir uns etwa entscheiden? Oder sollen wir die eine als Korrektiv der andern mit in die Predigt hineinnehmen?*

* Überlegungen zur Einheit und den immanenten Widersprüchen des biblischen Kanons in: Der evangelische Glaube III, §§ 7 bis 10. — Zur Auseinandersetzung des Predigers mit verschiedenen theologischen Profilen synoptischer Berichte vgl. die Predigtmodelle in Kap. III.

Daß die Synoptiker und die neutestamentlichen Schriften überhaupt so ihre eigenen und manchmal hart voneinander abgehobenen Profile haben, ist darin begründet, daß das Neue Testament nicht nur Verkündigung (Kerygma), sondern auch Theologie bringt. Es gibt nämlich ebensowenig den Augenblick »reiner« Verkündigung, wie es (horribile dictu!) bei Schleiermacher den »reinen« Zustand von Anschauung und Gefühl gibt. Indem die Verkündigung (bzw. Anschauung und Gefühl) angeeignet, ausgesprochen und weitergesagt wird, ist sie schon in die Reflexion aufgenommen, wird sie zu dem gegebenen Inventar von Begriffen, zu Fragen und Zuständen unseres Daseins, zur Situation der Hörer und vielem anderen in Beziehung gesetzt.

Das bedeutet nun: Das, was verkündigt und weitergesagt wird — auch wenn es um berichtete Fakten geht, die mich so unbedingt angehen wie die Geschichte Jesu —, liegt immer schon in *interpretierter* Gestalt vor. Dieser Interpretationsvorgang *ist* aber bereits »Theologie«. So hat etwa Matthäus in der Sturmstillungsgeschichte dem Wunder einen bestimmten sekundären Rang zugewiesen und es nicht (wie noch Markus) im Sinne einer »Begründung« des Glaubens berichtet. Er hat es vielmehr zur »Illustration« des Glaubens gemacht. Hier wird also nicht nur berichtet und verkündigt, sondern im Berichten und Verkündigen zugleich eine bestimmte theologische These vertreten.

Eben diese theologischen Thesen sind nun nicht ohne weiteres auf den gleichen Nenner zu bringen. Sie bringen sozusagen ein »perspektivisches« Moment in die Berichte, das die Einheit des Berichteten durch die Disparatheit der Standpunkte zu zerreißen droht. Läßt sich hinter dieser Disparatheit der theologischen Aspekte die Einheit des Kerygma noch ausmachen, läßt sich das sozusagen Kanonische, läßt sich das primäre »Monon« noch finden, das sich dann in der Reflexion diskursiv zerlegt hat?

Offenbar müßte das doch möglich sein, wenn wir

predigend die Bibel auslegen sollen. Denn wäre es nicht möglich, hätten wir nur die Wahl zwischen den in der Bibel, etwa im Neuen Testament, uns angebotenen Theologien. Wir könnten dann Paulus-, Johannes- oder Matthäusjünger, aber keine Bibelchristen mehr sein und müßten das sola scriptura aufgeben. Oder sehe ich das etwa falsch?
Tatsächlich befinden sich die Exegeten ja auch auf der Fährte dieses als hintergründige Einheit wirksamen Kerygmas, jenes Anrufes, der nicht nur hinter den Theologien der Synoptiker und Apostel, sondern auch hinter den verwendeten Denkschemata der spätjüdischen Apokalyptik, der Gnosis und des Mythologischen überhaupt steht. Ich brauche hier nicht zu begründen, *wieso* es tatsächlich — so oder so — bei allen neutestamentlichen Schulen heute um diese Intention auf »das« Kerygma hin geht.

Hier setzt nun meine entscheidende Frage an, die wieder unmittelbar auf das Verkündigungsproblem zuführt:
Soweit ich sehe, wird es fast überall als das lösende Wort aufgefaßt, daß man die kerygmatische Einheit hinter der Vielfalt der Theologien und Denkschemata so finden müsse, daß man diese *interpretiert*, eben auf jenen kerygmatischen *Kern* hin interpretiert. Nun gebe ich zu, daß die Interpretation als theoretischer Akt in der Tat eine von mehreren Möglichkeiten ist, diese Aufgabe zu bewältigen. Sie ist zweifellos derjenige Weg, den die biblischen Wissenschaften gehen müssen. Ist aber die Wissenschaft selbst wiederum nicht nur *eine* Möglichkeit, sich zu jenen Texten zu verhalten, und zwar eine Möglichkeit, die selbst wieder durchaus nicht frei ergriffen werden kann, sondern von bestimmten Bedingungen abhängt? Die entscheidende dieser Bedingungen ist die, daß mich jene Texte angesprochen und zum Glauben überwunden haben müssen. Andernfalls könnte ich jenen kerygmatischen Kern, könnte ich das mich unbedingt Angehende in ihnen ja gar nicht erfragen, geschweige zum Thema meiner Frage machen.

Könnte ich mich wirklich ohne jene Vorbedingung »wissenschaftlich« zu jenen Texten verhalten, etwa als Atheist oder als neutraler Religionswissenschaftler? Sicher müßte ich diese Frage verneinen, wenn ich die These vertrete, daß ich jenen Texten nur durch eine gewisse adäquate Verstehenshaltung beikommen kann, und das heißt hier: daß ich nur als Angesprochener das vernehmen kann, was hier gesprochen wird, daß ich in der Wahrheit »sein« muß, um die Stimme zu hören. Nur unter dieser Bedingung wird die wissenschaftliche Bemühung um Interpretation zu einer der Möglichkeiten, wie ich das Kerygma hinter den Theologien zu finden vermag.
Ich lege aber Wert auf die Feststellung, daß es nur *eine* Möglichkeit ist und daß wir sie darum nicht zu der einzigen Möglichkeit verabsolutieren dürfen. Denn der in der Kirchen- und Verkündigungsgeschichte *maßgebliche* Weg ist immer noch ein anderer gewesen: *daß sich nämlich im Akt der Verkündigung selbst herausstellt, was Wort Gottes ist, daß es sich also im Vollzuge ergibt.*
Um diesen Tatbestand zu verdeutlichen und zu begründen, bedürfte es vieler Argumente; z.B. müßte die Relation von Wort und Geist hier eine Rolle spielen. Ich begnüge mich statt dessen nur mit einem kurzen, doch hoffentlich nachdenklich stimmenden Hinweis: mit der Erinnerung an die *Entstehung des Kanons.* Der Kanon als Inbegriff für die kerygmatische Einheit der Heiligen Schrift ist ja *nicht* so entstanden, daß man das vorliegende Material mittels theoretischer Interpretation auf jenen kerygmatischen Kern hin abgesucht und dann mit prinzipieller Begründung seine Auswahl getroffen hätte. Der Kanon hat sich vielmehr so ergeben (und ist dann als ein sich ergebender lediglich deklariert, also nicht durch Willensakte konstituiert worden), daß sich bestimmte Schriften in der Verkündigungspraxis der Kirche durchgesetzt haben, während andere Kandidaturen dieser Art durchfielen. Im Akt, im Vollzuge der Verkündigung also hat sich der kanonische Rang herausgestellt, erbaulich ausgedrückt: hat sich Gott

zu seinem Wort bekannt. Dieses Verständnis des Kanons bringt es übrigens mit sich, daß für reformatorisches Verständnis der Kanon auch prinzipiell unabgeschlossen ist; denn wir können ja nicht wissen und nicht im vorhinein berechnen, was im Zuge kommender Verkündigung sich möglicherweise noch als kanonisch ergeben wird.

Und ich meine nun: ganz in diesem Sinne werde sich auch im Akt der Verkündigung herausstellen, was in der Heiligen Schrift selbst die Verkündigung hinter den Theologien ist. Der lähmende Irrtum, der in unzähligen Theologenköpfen heute spukt, scheint mir der zu sein, daß man das eben *vorher* wissen müsse, daß man die Interpretationsarbeit also hinter sich haben müsse, wenn man Verkündigung wagen solle. In Wirklichkeit weist ja schon das, was wir über die Nachordnung der Interpretation hinter den Glauben sagten, auf den Fehler hin, den man dabei begeht. Denn, so drückten wir es aus, ich kann legitim erst dann biblische Texte auf das in ihnen enthaltene Kerygma hin interpretieren, wenn ich von diesem Kerygma bereits getroffen *bin*, wenn es mir den Glauben schon abgewonnen *hat*. Wie könnte ich aber glauben, ohne zu verkündigen? Gibt es denn Glauben ohne Zeugnis? (Matth. 12, 34; Apg. 4, 20). Dann aber setzt die Interpretation doch erst ein als Rückfrage des Ergriffenen.

Soweit ist alles gut und richtig. Zur Perversion dieser Vorgänge kommt es erst dadurch, daß man die Interpretation nicht mehr als Rückfrage nach dem betreibt, was uns zur Verkündigung ermächtigt, sondern daß sie den Rang einer apriori-Vorweg-Konstruktion bekommt, die uns die Ebene der Verkündigung, möglichst wohl planiert, zur Verfügung stellen soll.

Kein Mensch, auch die extremen Hermeneutiker und Kerygma-Theologen nicht, will das übrigens so. Ich habe gegen diese Richtung, wie Sie wissen, ziemlich viel einzuwenden, möchte aber nicht den falschen Schein aufkommen lassen, als hätte ich mit dem, was ich soeben eine

Perversion nannte, eine bestimmte theologische Schule gemeint. Die Verfahrenheit der Situation, wie ich sie bis zu besserer Belehrung meine sehen zu müssen, ergibt sich überhaupt nicht aus einer bestimmten theologischen Konzeption, sondern daraus, daß man in einem gewissen Alter und in einem noch unentwickelten Status seines geistlichen Werdens mit bestimmten theologischen Problemen und Konzeptionen in Berührung kommt. Wenn das an der Verkündigung entstandene geistliche Leben noch jung, zart und unentwickelt ist, wenn es sich also noch nicht im eigenen Zeugnis ausgesprochen und insofern noch nicht die Selbstlegitimation des Zeugnisses erfahren hat, dann hat die Frage nach der Interpretation sozusagen noch keinen »Ort« in der eigenen Existenz. Sie ist dann ja nicht als Rückfrage nach dem kerygmatischen Grund des Glaubens möglich. Wenn mir in diesem sehr unfertigen Zustand dann plausibel gemacht wird, daß die biblischen Texte theologisch sehr gegensätzlich profiliert sind und daß ich den dahinterstehenden kerygmatischen Kern nur durch Interpretation zu gewinnen vermag, dann erfolgt insofern eine falsche und verhängnisvolle Weichenstellung, als das Mißverständnis entstehen muß: erst wenn ich diese Reflexionen durchschritten habe, kann ich glauben und verkündigen. Diese Misere entsteht folglich dadurch, daß der Schüler die Dinge anders hören muß, als der Lehrer sie gemeint hat. Der Lehrer hat die Erfahrung seines Glaubens, und für ihn ist die Interpretation Rückfrage. Der Schüler hat jene Erfahrung so nicht, und so wird die Interpretation für ihn eine Vorauskonstruktion. Das aber ist lähmend, das läßt die Angst vor der Predigt entstehen. Denn die Reflexion, die durchschritten sein muß, ist unendlich — jedenfalls dann, wenn sie vor den Glauben (ante fidem) plaziert wird oder wenn sie diesen Rang insofern einnimmt, als sie ein groteskes Übergewicht gegenüber dem »jungen« Glauben gewinnt. (Da man im Glauben sehr jung und gleichwohl in der Reflexion schon sehr altklug sein kann, ist das ja möglich!) Die Reflexion

wird nur dann normiert und begrenzt, wenn sie innerhalb des Glaubens (intra fidem) angesiedelt und dann die Selbstbesinnung des Glaubens auf seinen Grund ist.
In dieser Hinsicht ist die Theologie natürlich immer für einen jungen Menschen gefährlich, auch wenn die Gefahrengrade bei manchen theologischen Richtungen insofern stärker sein können, als sie eine besondere Neigung besitzen, ihn bestimmten und fixen Gedankenschemata zu unterwerfen, deren Übernahme ihm dann allzu leicht als Vorbedingung geistlicher Existenz und damit der Verkündigungsmöglichkeit erscheint. Das ist speziell bei solchen Theologien der Fall, die einseitig (der Ton liegt auf »einseitig«!) auf Methodenfragen konzentriert sind und deshalb leicht das Mißverständnis aufkommen lassen, sie wiesen mit methodischen Mitteln einen Zugang (hodós) zum Kerygma.
Doch ist diese Überwältigung keineswegs an gewisse »moderne« Richtungen des Theologisierens gebunden; auch eine starre Orthodoxie und ein unreflektierter Fundamentalismus können sie vollziehen. Ein Übermaß mitgeteilter geistlicher Erfahrung, wie sie ja in jeder Theologie steckt, kann eigene originale Entwicklung der geistlichen Existenz ersticken. Insofern stehen wir hier vor einer Misere, die mehr oder weniger jede Theologengeneration an sich erfahren hat und durch die sie hindurch mußte. Darum sind es ja gerade die originalen, eigenständigen Naturen, die hier am meisten gefährdet sind, die am intensivsten leiden, die freilich auch, wenn sie heil hindurchkommen, die fruchtbarsten Läuterungen erfahren. Am Evangelium ist noch niemand erkrankt, wohl aber sind schon viele an der Theologie zerbrochen.

Ratschläge

In diesem Zusammenhang möchte ich Ihnen nun gerne ein paar Ratschläge zu geben versuchen, die auf der Linie der soeben vorgetragenen Überlegungen liegen und die ich für weiterführend und hoffentlich auch ermutigend halte.

a) Erste homiletische Exkursionen

Ich habe in dem kleinen geistlichen Exercitium zu Beginn empfohlen, während des »theologischen Stimmbruchs« mit eigenen Aktivitäten im Verkündigungsdienst etwas zurückhaltend zu sein. Das möchte ich aber nicht im Sinne einer gesetzlichen Askese verstanden wissen. Es kann vielmehr durchaus sinnvoll sein, so etwas wie den einen oder andern Probeflug zu machen, um sich in das Element zu wagen, in dem das spätere Berufsleben sich abspielen soll. Wenn ich das Postulat aufstellte, daß die Theologie — und dann ja wohl auch die theologische Werdezeit! — ihre Orientierung stets am verkündigten und zu verkündigenden Worte Gottes finden müsse, dann kann ja der Vollzug dieser Verkündigung nicht *radikal*, nicht im Sinne gesetzlicher Prinzipienreiterei aus dem Leben des angehenden Theologen ausgeklammert sein — *trotz* gewisser negativer Erfahrungen, von denen ich sprach.
Wenn Sie auf diese Weise den Selbstausweis des verkündigten Wortes erproben, dann sollten Sie sich aber — im Beichtspiegel sozusagen — prüfen, ob der Hochmut der Besserwisserei nach Ihnen greifen möchte und ob Sie aufrichtig auch dem schlichtesten Hörer gerecht werden wollen, dem die theologischen Künste ein Buch mit sieben Siegeln sind. Selbst wenn Ihnen das zuerst noch nicht recht gelingen sollte (Sie dürfen wirklich wie ein neugebackener Führerscheinbesitzer das Schild »Anfänger« deutlich an Ihrer Karosserie zur Schau tragen!), dann wird das Motiv doch Ihrer Botschaft zugute kommen und bei Ihren Hörern nicht unbemerkt bleiben.
Im übrigen braucht es ja nicht gleich die Kanzel zu sein, vor allem nicht die einer fremden Gemeinde, der Sie als distanzierter Rhetor gegenübertreten. Es sollte eher — immer die Bereitschaft zu der genannten Selbstkontrolle

vorausgesetzt — ein kleinerer Kreis sein, ein Bibelabend vielleicht. Dann aber ist es wichtig, daß Sie vorher mit denen, die Ihnen zuhören, Kontakt gewinnen, daß Sie von ihren Sorgen, ihren Zweifeln, ihrer Gleichgültigkeit und ihren kleinen und großen Hoffnungen erfahren, daß Sie einen gewissen Einblick in das gewinnen, was sie am Arbeitsplatz bedrängt oder beflügelt. Die Botschaft der Heiligen Schrift ist ja an alle diese »adressiert«, und man verfehlt — schon beim Versuch, sie theologisch zu verstehen — geradezu ihre Pointe, wenn man diese Adressierung nicht mit bedenkt.
Ich möchte diese Bemühung um Konkretion und um die Adressierung der Botschaft nun keinesfalls so verstanden wissen, daß man sich nur theoretisch die menschlichen Existentialien klarzumachen hätte: Angst und Hoffnung zum Beispiel. Diese Form des Bedenkens üben wir natürlich in der Literatur und in unsern Seminaren fortgesetzt. Sondern ich meine die *Anschauung* dieser Existentialien, wie sie uns nur durch konkrete Begegnung vermittelt wird: durch einen Krankenbesuch, durch ein seelsorgerliches Gespräch oder durch den Ausbruch einer Lebensnot, der sich unerwartet bei irgendeiner Unterhaltung begibt.
Man kann sich nicht genug klarmachen, daß die Urhäresie gegenüber dem Evangelium der *Doketismus* ist: die Aufhebung der Fleischwerdung des Logos zugunsten eines bloß Geltenden oder die Verflüchtigung konkreter Menschlichkeit zur »Idee« des Menschen. Diesem Doketismus kommen wir aber durch unsere Laborarbeit bedenklich nahe, so daß er zur Spezialanfechtung des Theologen wird: Wir reden von »dem« Glauben, statt von einem glaubenden Menschen, und wir reden von »der« Angst, statt vom Geängsteten. Auch die Existentialien können, obwohl sie nach Konkretheit zu riechen scheinen, unter der Hand zu Wesensgespenstern werden. In den Evangelien gibt es kein Wort (auch kein Existential), das als Begriff ein Eigenleben führte. Immer wenn von Freude oder Angst und Hoffnung die Rede ist, kommt es zwar zum »Begriff«

und — wenn Sie wollen — insofern zu einer Abstraktion. Doch dann ist dieser Begriff immer (erschrecken Sie nicht!) ganz *frisch* abgezogen; eine Minute vorher war er noch gelebtes Leben. Darum behält er auch den Ruch des Lebens — was Ihnen hoffentlich nicht zu romantisch klingt. Wenn ich dagegen den Stil der Abstraktheit bedenke, dessen wir uns in der heutigen Theologie weithin bedienen, habe ich oft den Eindruck, als versuchten wir jene Begriffe und Existentialien synthetisch in der Retorte zu reproduzieren. Darum wirkt vieles so erschreckend unlebendig. Ich habe an meinem Lehrer Schniewind erlebt, wie es ganz anders sein kann.

Natürlich *müssen* wir in der Theologie mit Abstraktionen und begrifflichen Chiffren arbeiten. Dabei kann es sicher auch nicht ohne solche hochabstrakten Gebilde wie »Geschichtlichkeit«, »Geworfenheit«, »Nichtobjektivierbarkeit« abgehen. Es kommt aber darauf an, wie »frisch« sie abgezogen sind und wie unmittelbar diese ogygischen Schatten wieder Blut zu trinken bekommen. Darum scheint es mir so wichtig, daß Sie in einer lebendigen Gemeinschaft und vor lebendigen Menschen verkündigen, um die Evidenz und Effektivität der ausgerichteten Botschaft zu erfahren — übrigens auch an dem Widerspruch, den sie finden mag.

Sicher wäre es nun nicht gut, wenn Sie bei solchen ersten Schritten einen Text wählen würden, der Ihnen allzu viele Probleme stellt, in deren theoretischer Bewältigung Sie noch mitten inne stehen. So könnte ich mir denken, daß Texte, in denen sich das Problem »Offenbarung und Geschichte« sehr dezidiert stellt (bei der Ostergeschichte z.B. oder bei Wunderperikopen), für den Anfang zu verwirrend sind. Aber können Sie nicht die Geschichte vom kanaanäischen Weib nehmen oder ein Gleichnis oder ein Wort des Paulus über die Freude? Einen Perikopenzwang sollte es am Anfang auf keinen Fall geben! Und wenn mir ein Vikarsvater, wie es schon oft vorgekommen ist, entsetzt darüber berichtete, daß sein geistliches Findelkind

sich geweigert habe, über den verordneten Text des Sonntags zu predigen, so habe ich den störrischen jungen Mann stets in Schutz genommen und deutlich gesagt, daß ich über das Unverständnis des geistlichen Vaters entsetzter sei als über die Weigerung des Vikars.
Worauf es mir bei diesem Rat ankommt, ist also die Anwendung meiner These: im Akt der Verkündigung werde offenkundig, was Botschaft, was »Kerygma« ist. Die Interpretation der Texte vollzieht sich deshalb legitim nur *innerhalb* dieses Aktes der Verkündigung und im Zusammenhang mit ihr. Dadurch wird die Relation von Verkündigung und Theologie, die sich so leicht verwirrt und zu einer falschen Herrschaft der Theologie und zu ihrer pathologischen Isolierung führt, immer wieder zurechtgerückt und in Ordnung gebracht. Das zeigt sich schon an der puren Situation der Verkündigung. Auch das möchte ich an einem eigenen Erlebnis verdeutlichen:
Während meiner Studentenzeit lag ich lange in einer Klinik zusammen mit einem Bauern, mit dem es zu Ende zu gehen schien. Da ich ihm in seiner schrecklichen Atemnot, wenn er an seinem Auswurf zu ersticken drohte, immer wieder half, hing er sehr an mir. Ich selbst befand mich zu jener Zeit in schweren theologischen Krisen. Mir war damals, wo ich mit dem Personbegriff in der Gottesfrage nicht fertig wurde, die Möglichkeit des Gebetes zweifelhaft geworden, und ich neigte dazu, es als monologische Meditation zu verstehen. Eines Nachts, als mein Stubengenosse in verzweifelter Angst war, flehte er mich an, mit ihm zu beten. Ich weiß noch, wie mir blitzartig alle meine unausgegorenen Reflexionen durch den Kopf schossen und wie mich die Frage quälte, ob ich das überhaupt tun dürfe, wenn mir selber das Wesen des Gebetes unklar sei. Versuchen Sie sich, bitte, meine Situation vorzustellen, wenn in dieses Zögern hinein immer neu der Hilferuf des Sterbenden klang. Schließlich riskierte ich es. Da erfuhr ich dann — im Vollzuge! —, was Beten heißt. Ich reflektierte dann weiter darüber, aber ich reflektierte anders.

Ich möchte nun nicht, daß Sie das als eine billige Bekehrungsgeschichte auffassen. Worauf es mir ankommt, ist ausschließlich dies: daß durch den Vollzug von Gebet und Verkündigung unsere theologischen Gedanken ein Korrektiv erfahren, das man nicht psychologisch erklären darf. Es liegt vielmehr im Wesen der Theologie selbst beschlossen, so gewiß diese die Rückbesinnung des Verkündigenden auf den Grund seiner Verkündigung ist. Deshalb ist es manchmal gut, daß wir als Verkündiger ins Wasser geworfen werden, ohne vorher (vorher!) allzulang darüber spekulieren zu können, was H_2O ist und ob es tragen wird. (Darüber hat Spurgeon herrliche Dinge gesagt.) So aber ist es doch tatsächlich: Wir werden mit himmelschreienden, elementaren Nöten konfrontiert und müssen mit einem Wort helfen, wir müssen Risiken eingehen, die oft nicht durch vorangegangenes Argumentieren abgesichert sind — so wie ein junger Arzt Risiken dieser Art eingehen muß, der einem Verblutenden oder einem Schockbehafteten in akuter Gefahr zu helfen hat. Die Rechtfertigung durch Gedanken kommt dann oft genug später, obwohl ich mich auf chronologische Reihenfolgen wahrlich nicht festlegen möchte. Wie kann jemand, um ein Bild zu gebrauchen, Trainer von 100-Meter-Läufern sein, der selbst niemals diese Strecke gelaufen ist und der die physiologischen Abläufe, die Technik und vieles andere nicht im eigenen Vollzuge beobachtet hätte? Sind *wir* aber nicht manchmal reine Schreibtischtrainer, fern der Arena, in der das Entscheidende passiert?
Etwas abgekürzt und reichlich ungesichert ausgedrückt, lautet also mein Rat: Laufen Sie und achten Sie dann darauf, was dabei passiert. (Eine ganz kleine Absicherung möchte ich aber doch anbringen: Auch dem Läufer tut es gut, wenn er vorher ein bißchen von dem versteht, warum er laufen kann und was dabei passiert. So primitiv, daß sich das Praktische und Theoretische in ein reines Nacheinander zerlegen ließe, ist es nicht. Mir liegt nur daran, daß beides zusammengehört und ineinander verflochten ist.)

b) Bedeutung und Grenze der wissenschaftlichen Textanalyse für die Verkündigung

Der *zweite* Rat: Versuchen Sie einmal, im Rahmen des Möglichen, einen Text vorerst »naiv« zur Kenntnis zu nehmen und das »Aroma« seiner Wahrheit zu riechen. Versuchen Sie ihn — wieder abgekürzt gesagt — zunächst so zu hören und zu bedenken, wie ihn der letzte Redaktor gemeint hat. Danach mag dann die Feineinstellung kommen. Zuerst müssen Sie den Wald sehen, die Schneisen, die durch ihn hindurchführen, und seine Anlage. Dann können Sie nach den einzelnen Bäumen sehen. Ich sehe aber immer wieder, daß man es umgekehrt macht und dann den Wald nicht mehr sieht. Um es wieder an der Perikope von der Sturmstillung zu verdeutlichen: Nehmen Sie meinetwegen die Matthäusvariante zunächst ganz für sich. Und erst dann fragen Sie: Welche Modifikationen hat der Evangelist hier an der Tradition vorgenommen, und *warum* hat er das getan — vielleicht sogar: mit welchem Recht? Eine bestimmte Tiefe des Textes erschließt sich nicht, ohne daß man so fragt. Wer aber mit dieser Frage anfangen würde, ehe er die Aussage der Matthäus-Geschichte selbst auf sich hat wirken lassen, droht in formalen traditionsgeschichtlichen Überlegungen steckenzubleiben.

Damit komme ich noch einmal auf die Bedeutung, die die historisch-kritische Schriftforschung für unser Predigen hat. Hier kann ich nur stichwortartig zusammenfassen, was die Überlegungen dieses Semesters ergeben haben. Es war wertvoll für uns, daß wir die Frage nicht nur theoretisch durchdacht haben, sondern daß wir auch einige Predigten *solcher* Theologen sub specie dieser Frage analysierten, die in puncto »historisch-kritische Schriftforschung« ein bestimmtes Programm repräsentieren. Dabei stellten wir fest:

Erstens: Die historische und traditionsgeschichtliche Durchdringung biblischer Texte läßt die Einheit des Zeugnisses, nach dem wir fragen, nie zu einer abstraktdogmatistischen Einheit werden, weil sie die Vielfalt, die Polyphonie der Zeugen erkennen läßt. So kann nie der Augenblick eintreten, wo der »kerygmatische Kern« als zeitloser Geltungsgehalt in Gestalt einer theologia perennis formuliert werden könnte.

Zweitens: Jene historische (formgeschichtliche usw.) Analyse rückt die Texte zunächst in Distanz von uns. Sie werden als *antike* Texte offenkundig und sind für uns dadurch eigentümlich verfremdet. Dieses Exercitium der Verfremdung ist als Durchgangsstation unserer Besinnung nicht nur notwendig (nämlich um der Wahrheit unseres Verstehens willen), sondern auch fruchtbar. Es bildet ein Antitoxin gegenüber der gefährlichen und unausrottbaren Neigung des Predigers, seine Lieblingsgedanken in den Text zu legen oder ihn vorzeitig zu aktualisieren. Die Verfremdung ist — als dieses Interim unserer Geschichte mit dem Text — ein wirksames Mittel gegenüber der Versuchung, über den Text zu herrschen (ihn zum Motto oder gar zum bloßen Refrain unserer »Anliegen« zu machen), statt ihn über *uns* Herr werden zu lassen oder ihm die Chance dazu jedenfalls nicht zu verweigern.

Drittens: Wenn wir den Text im Sinne eines bestimmten Woraufhin interpretieren und ihn nicht bloß glossierend rezitieren, tun wir im Grund genau das, was die Evangelisten und Apostel innerhalb des Neuen Testaments ihrerseits schon taten. Da wir nun einmal die Geschichte von der Sturmstillung zu unserer Paradigma-Perikope für diese Fragen gemacht haben, läßt sich das wieder an ihr zeigen: Matthäus hat das Wunder der Sturmstillung nicht einfach traditionsgemäß nacherzählt, sondern er hat dieses Wunder interpretiert, hat ihm eine ganz bestimmte Bedeutung für den Glauben beigemessen und hat es als Begründung des Glaubens relativiert. Zu der gleichen Problemstellung sind auch wir aufgefordert. Die Leitfrage nach der Einheit des Zeugnisses hinter der Vielfalt der Zeugen und Theologien des Neuen Testaments veranlaßt dann die weitere Frage, inwiefern diese Relativierung des

Wunders (nicht seine Eliminierung!) als Grund des Glaubens nicht einer durchgängigen, wenn auch durchaus nuancenreichen Tendenz der neutestamentlichen Zeugen überhaupt entspreche.

Viertens: Die eigentümliche Art, in der bei einem Theologen wie Bultmann die historisch-kritische Schriftforschung zurücktritt, sobald er die Kanzel besteigt*, weist uns darauf hin, daß wir wohl unsere Predigt vor der historisch-kritischen Schriftforschung *verantworten* müssen (wir können z.B. nicht eine Lutherpredigt einfach, leicht modernisiert, neu auflegen!), daß wir uns aber nicht von ihr *gängeln* lassen. Unter Gängeln verstehe ich hier, daß wir die Botschaft des letzten Redaktors *nicht* mehr eigenständig hören, sondern daß wir *vor* diesem Hören die Analysen der Kommentatoren durchschreiten. Dieser Anmarschweg muß dann jedes unbefangene Hören blockieren.

Diese Einsicht wird uns sicher erleichtert, wenn wir sie nicht am heißen Eisen des Neuen Testaments, sondern an anderen literarischen Stoffen verdeutlichen. Bitte: wer liest Homers Odyssee oder Goethes Faust legitim, der sogenannte schlichte Leser oder der Philologe? Homer ist zwar ein antiker Autor, aber weite Dimensionen seines Werkes sind doch unmittelbar »resorbierbar«. Und erst kürzlich las ich von einem sicher sehr ungebildeten amerikanischen Farmer, der von einem Versandhaus die Odyssee bezogen hatte und nun zurückfragte, ob dieser Autor noch weitere Sachen geschrieben hätte, denn der Kerl könne wirklich erzählen. Man möge ihm jedes Buch schicken, das er in Zukunft herausbrächte. Sind diese Bücher also für

* Vgl. dazu etwa die Predigt über Petri Fischzug Luk. 5, 1-11 in: Marburger Predigten, 1956, S. 137 ff. — Ebenso die grundsätzlichen Äußerungen zu dieser Frage in: Glaube und Verstehen I, 1933, S. 100 f.: »... die konkrete Situation ist doch für den Verkündiger einfach die, daß, wenn er auf die Kanzel steigt, ein gedrucktes Buch vor ihm liegt, auf Grund dessen er verkündigen soll; wie ›vom Himmel gefallen‹, gewiß; denn seine historisch-kritisch zu ergründende Entstehung geht ihn offenbar in diesem Moment nichts an.«

Philologen geschrieben oder für — »Leser« und »Zuschauer«?
Dürrenmatt hat, wie aus seinen Regieanweisungen für den »Besuch der alten Dame« hervorgeht, geradezu Angst vor den Hintergründigen, vor den theologischen Interpreten. Er weiß zwar, daß sein Stück solche Hintergründe und vielleicht sogar ein Kerygma hat. Aber ihm macht es Spaß, wenn auch sogenannte primitive Leute davon erbaut sind und vielleicht nur Kabarett darin sehen. Darum weist er die Regisseure an, nur ja »auf Vordergrund zu spielen« und ja nicht das Hintergründige zu artikulieren. Ich weiß natürlich, daß dadurch nur eine sehr bedingte Analogie für unser Verhältnis zum Neuen Testament zur Verfügung gestellt wird, und ich bitte Sie deshalb, das tertium comparationis freundlich im Auge zu behalten: daß solche Stücke nämlich nicht für Experten, sondern für Leser und Zuschauer geschrieben sind. Nicht als ob man das im Sinne einer primitiven Alternative verstehen dürfte! Auch der Laienleser wird ja den Philologen und den philosophischen oder theologischen Interpreten gern in Anspruch nehmen — doch sicher nicht für den Anmarschweg seines Verstehens, sondern zur Perfektion seines Verstehens. Wie dumm wäre ein Theaterbesucher, der sich jeder Naivität, jeder Spontaneität seines Reagierens und jeden Genusses dadurch beraubte, daß er *vor* der Aufführung Kommentare studierte, und wie sehr ist er umgekehrt zu loben, wenn er das *nachher* tut!
Auch diese Analogie gilt für den theologischen Leser des Neuen Testaments natürlich nicht vorbehaltlos. Denn er kommt ja immer schon von den Kommentaren *her*, selbst wenn er sich morgens seiner täglichen Bibellese hingibt. Er hat schließlich Theologie studiert! Doch machen es eben die Akzente, ob er hier richtig oder falsch liegt: Für den Theologen kann es zur Anstrengung, zur »Arbeit« seines Lebens gehören, einmal einen Augenblick zu vergessen, *einen Augenblick möglichst vorbehaltlos zu hören.* Wer sich dieser Aufgabe prinzipiell verweigert und die eigene

Applikation an den Text (Bengel) nicht mehr vollzieht, kommt eben in die beschriebene Situation, daß er vor lauter Bäumen den Wald nicht mehr sieht. Und dann kann der »schlichte Bibelleser« tatsächlich unendlich mehr und Wichtigeres bemerken als der sogenannte Experte. Wie wäre das quellfrische Verhältnis Spurgeons zur Bibel — er war ja kein akademisch-theologischer »Profi« —, wie wäre seine erstaunliche Kunst des Hinhörens anders zu erklären? Bei anderen erkennt man die eigenen Fehler bekanntlich besser als an sich selbst. Darum lassen Sie uns einen Augenblick, nur mit einem einzigen Satz, einmal vor den Türen dieser anderen Leute kehren (um dann wacker auf uns zurückzuschließen): Wie banal und vordergründig formal sind oft die Textinterpretationen, die uns manche Philologen liefern — müßten sie sich nicht vor jenem amerikanischen Farmer schämen? An wem von beiden hätte wohl der alte Homer größeren Spaß? (und Gott?)
Gewiß, ich sagte es schon, müssen wir durch die Verfremdung eines antiken Textes, wie er im Neuen Testament vorliegt, hindurch. Doch kann das ja nur eine Station auf unserem Weg sein: ein zugiger Bahnsteig, von dem wir bald wieder herunter sollten. Und ganz sicher kann es nicht die Abfahrstation sein.

c) Exegese und Meditation

Deshalb kann ich das Wort von der »sauberen Exegese«, auf die angeblich alles ankäme, allmählich nicht mehr hören. Bitte verstehen Sie diesen Unmut ja richtig! Ich plädiere ja damit nicht für das Unpräzise und Schludrige. Aber so, wie das Saubere vielfach verstanden wird, ist es eben steril. Es ist deshalb so unfruchtbar, weil der Text künstlich isoliert und allenfalls noch in seinem immanenten Traditionszusammenhang gesehen wird. Er *wird* aber doch isoliert, wenn man ihn seiner Pointe beraubt, wenn man seine Adressierung übersieht: daß er nämlich unter der Chiffre eines zeitgenössischen Gegenüber an Menschen zu *jeder* Zeit adressiert ist: an Menschen, die in gesellschaftlichen Zwängen, in Ängsten, im Überdruß, in Liebeskummer und Liebeslust, in Hoffnungslosigkeit oder utopischen Träumereien befangen sind. So käme doch alles darauf an, den reichen Jüngling und das blutflüssige Weib mitten unter uns leben zu sehen und sie in uns selbst und unserem Nächsten wiederzuerkennen. So hätten wir doch die Aufgabe, die Verhüllung durch den einstigen Zeitgenossen zu dechiffrieren und dasselbe noch einmal im Klartext unserer Zeit auszusprechen.

Dazu kommt noch etwas, das ich gegen die Verabsolutierung der sogenannten »sauberen Exegese« auf dem Herzen habe.

Das Arbeitsquantum für die rein exegetisch-analytische Arbeit ist vielfach bei uns so groß, daß kaum ein freier Atemraum für die Aussage des Textes selbst übrig bleibt. Niemand kann mehr geben, als er hat. Und hier hat man sich eben bei der Exegese ausgegeben, und dies obendrein so, daß man den Text aufs Historische hin isolierte und ihm die Pointe seiner Adressierung raubte. Was kann dann noch für die Verkündigung herausspringen? Es kommt eben auch auf die Proportionen unserer Arbeitsgänge an. Wenn man den 3000-Meter-Lauf einer Predigt zu absolvieren hat, kann man sich auf der ersten Wegstrecke nicht wie ein 100-Meter-Läufer gebärden. Sonst hat man für den Rest keine Puste mehr. So verfahren ja manche Pfarrer, wenn sie einen Gottesdienst vorbereiten: Sie arbeiten mit konzentrierter Inbrunst an der Predigt. (Sie ist ja nach reformatorischem Verständnis das Herzstück des Gottesdienstes.) Und erst wenn sie fertig ist, machen sie die Gebete (sofern sie diese nicht einfach aus der Agende ablesen). Kein Wunder, daß die Gebete dann oft so schwach sind und sich mit gelähmten Schwingen kaum bis zum Kirchendach erheben. (Vielleicht sollte man die Gebete zuerst machen!) Diese falsche Verteilung der Arbeitsquantitäten, die sich hier beim Verhältnis von Predigt und Gebet zeigt, vollziehen gerade die jungen und lernenden Prediger, wenn

sie sich bei einer isolierten Konzentration auf die bloße Textanalyse erschöpfen.
Darum noch ein letzter Rat: Hören Sie nicht auf die alte 08/15-Regel des homiletischen Handwerks, daß zuerst die Exegese, dann die Meditation und schließlich die Predigt selbst käme. Fangen Sie lieber mit der Meditation an: Suchen Sie den Sinnzusammenhang eines Textes, so wie er in Ihrer Bibel steht, zu verstehen, bewegen Sie ihn in Ihrem Herzen (das heißt doch wohl Meditieren!), fragen Sie, was er *Ihnen* sagt und welche Zeitgenossen oder welche Seiten Ihres eigenen Wesens Sie in den Gestalten wiedererkennen, von denen er Ihnen vielleicht berichtet; fragen Sie, ob der Petrus des wunderbaren Fischzuges nicht nach Identifizierung mit Ihnen selber ruft. Und erst dann, wenn Sie so etwas herausgehört haben und von der Aussage des Textes vielleicht fasziniert sind (wie es Eduard Thurneysen ausdrückte), dann gehen Sie an die Filigranarbeit der fachgerechten Analyse. Das scheint mir die sachgemäße Reihenfolge zu sein — jedenfalls dann, wenn man überhaupt, wie das die Reformation immerhin tat, ein unmittelbares Verhältnis zur Bibel einräumt und an der facultas se ipsum interpretandi ihres Wortes festhält. Geben wir das auf, dann gilt auch das sola scriptura nicht mehr. Halten wir es aber fest, dann muß jene mögliche Unmittelbarkeit zum biblischen Text auch ihren zeichenhaften Ausdruck finden. (Sollte ich mich auch hier wieder absichern und darauf hinweisen müssen, daß ich nicht die banale Unmittelbarkeit im Sinne neutraler Indifferenz meine? Bei der heutigen Liebe zu Paradoxen könnte ich vielleicht sagen, daß es mir um die vermittelte Unmittelbarkeit gehe: »vermittelt« insofern, als ich die Bibel ja nur als Grundlage der Verkündigung habe, die mich auf dem Weg über die Tradition in meiner Kirche trifft; und »unmittelbar« insofern, als ich nun einen eigenen und »mündigen« Zugang zu dieser Grundlage habe, so daß ich die gehörte Verkündigung an ihr messen kann.)
Ob ich mit meinen Vorschlägen nun Wasser auf die Mühlen

der Faulen lenke und denen aus der älteren Generation eine billige Selbstbestätigung verschaffe, die die exegetisch-diagnostischen Leidenschaften der Jungen schon immer verdammt haben, die vielleicht nicht ohne Selbstzufriedenheit darauf verweisen, daß sie mit dem Luthertext und einer vorfabrizierten, stets pünktlich eintreffenden Predigtmeditation bestens auskommen? Gegen solche Mißdeutungen kann man sich wohl nicht schützen. Ich habe ja nichts Geringeres verlangt, als ein noch so strenger homiletischer Zuchtmeister verlangen kann, und möchte von keinem der bekannten Arbeitsgänge dispensieren. Mir geht es nur darum, die *Reihenfolge* der Arbeitsgänge zu ändern und die Akzente anders zu setzen. *Denn mich bedrängt es zu sehen, daß wohl selten eine Predigergeneration schlechter verstanden wurde als unsere, obwohl sie permanent mit Verstehensfragen befaßt ist und die Hermeneutik zu einer neuen theologischen Disziplin gemacht hat.*
Sollte das nur an vergrößerter säkularistischer Entfernung vom Wort liegen? (Das glaube ich nicht; doch bedürfte es dafür weiterer Begründungen.) Oder daran, daß Gott uns den Beistand seines Geistes entzogen hat — im Sinne von Léon Bloys Wort: »Dieu se retire«? (Daran glaube ich wiederum nicht, weil ich der Verheißung des Wortes traue, daß es nicht leer zurückkommen soll.) Ob es nicht daran liegt, daß wir in eine eigentümlich strukturelle Unwahrheit in unserem Verhältnis zum Wort geraten sind und daß wir in diesem Modus der Unwahrheit die Stimme nicht mehr hören und sie dann auch andern nicht mehr vernehmlich machen können?

Schlußüberlegungen

Noch ein Letztes bedrängt und jammert mich: die eigentümliche Lähmung, die die Predigtversuche der jungen Theologengeneration befallen hat, die Versuche jener also, die seit Jahren die Postulate im Ohr und auch im Herzen haben, die wir ihnen beibringen: daß man sauber exegesieren und daß man ein hermeneutisches Prinzip haben müsse, das zu einer »weltlichen« Interpretation im nachreligiösen Zeitalter (oder gar im Zeitalter des »Todes Gottes«*) befähige und Vergegenwärtigung ermögliche. Und doch pflegt die Verfremdung zum Gespenstischen, Unwirklichen gerade dann das *Ergebnis* und eben nicht mehr die bloße *Durchgangsstufe* dieser redlichen und oft aufopfernden Arbeit zu sein. Hier muß doch irgendwo auf den falschen Knopf gedrückt, hier muß doch irgendeine Weiche falsch gestellt worden sein! Die Evangelikalen haben sicher gerade *das* herausgespürt. Deshalb sollten wir diese ihre Bedenken ernst nehmen, selbst wenn wir hie und da das Gefühl haben mögen, sie nähmen die theologischen Fragestellungen nicht genügend ernst und wichen ihnen womöglich aus, um sich gewissen Gefahrenzonen nicht auszusetzen. Sollten diese ehrlich beunruhigten Leute vielleicht vorschnell, nicht übertrieben kundig und darum gelegentlich zur Verhärtung in ihrem Urteil geneigt sein, so sollten wir Theologen uns nun nicht *ihnen* gegenüber auch unsererseits wieder verhärten. Wir haben direkt und indirekt einiges dazu beigetragen, daß es zu solchen Explosionen gekommen ist... Was diese unsere Mitchristen bemerkt haben, ist das Symptom einer Krankheit, die völlig anders heißt, als sie meinen, und die wir nur selber diagnostizieren können, indem wir in uns gehen. Diese Krankheit besteht darin, daß uns die Parrhesia des Zeugnisses, daß uns die Freude der Verkündigung entflohen ist. Woran liegt das und wie kriegen wir sie wieder? Das war die Frage, über die ich mit Ihnen nachdenken wollte. Ich schließe, indem ich den Kernpunkt unter den mancherlei Gründen, die ich angab, noch einmal herausstelle:

* Vgl. die Kapitel über die »Tod-Gottes-Idee« in: Der evangelische Glaube I, §§ 13 bis 15.

Wenn das Wort Gottes und seine Verkündigung je und dann dürftige Zeiten erlebte, wenn es teuer wurde oder zu verstummen schien, dann hatte sich bei den *Menschen* etwas begeben, deren Mund und Ohren es sich anvertrauen wollte. Wie man diese Verhärtung (denn um Sünde und Verhärtung geht es ja letztlich) nun auch immer charakterisieren mag: immer zeigte sie sich in einer bösen Veränderung des Verhältnisses zur Heiligen Schrift. Ich nenne nur zwei exemplarische Fälle dieser Veränderung: Es gab eine Zeit — man mag an den Umkreis von Reimarus denken —, wo man im Namen der Vernunftwahrheit die Bibel wegkritisierte, bis man nur noch die Buchdeckel in Händen hielt. Ist sie nicht auch uns entschwunden? Nicht daß wir nur noch die Deckel in der Hand hielten; vor Eliminierungen hüten wir uns! Aber statt der Bibel haben wir nur noch die Kommentare in der Hand. Das ist in symbolischer Umschreibung unser Elend.
Lesen Sie langsam, in kleinen Happen den 119. Psalm, um eine Ahnung zu haben, was es heißen könnte, die Freude am Wort Gottes zu entdecken — diese Entdeckung zuerst mit eigenen Augen und dann erst mit den Augen anderer zu vollbringen. Ich möchte so gern haben, daß ein Student weiß, was Paulus und Deuterojesaja gesagt und darin gemeint haben, daß er sich einfach und unmittelbar ihren Worten aussetzt. Und es jammert mich, wenn er nur weiß, was Bultmann oder Cullmann oder Wellhausen oder Gerhard v. Rad »darüber« gesagt haben und wie man die Interpreten des Interpretierten nun seinerseits interpretieren müsse. Wenn er aber jenes Elementare zuerst getan hat, dann darf er nicht nur das Zweite tun, dann soll er es sogar tun.

III.
WAS SIND WIR DER GEMEINDE AN THEOLOGISCHER AUFKLÄRUNG SCHULDIG?

Einige Überlegungen und drei einschlägige Predigtmodelle als Antwort

Leitfrage für die Verkündigung: »Welchen Grund sollte eigentlich jemand, der aus Überzeugung nicht glaubt, haben, an die christliche Botschaft zu glauben?« *(Rudolf Augstein)*

a) Esoterisches Geheimwissen oder Offenlegung der theologischen Karten?

Wir sind in den bisherigen Überlegungen immer wieder auf die Frage gestoßen, ob unsere theologische Ausbildung — das philologische Training in biblischer Quellenscheidung, in Formgeschichte und historisch-kritischer Schriftforschung überhaupt — nicht eher Belastung statt Hilfe für die unbefangene Ausrichtung der Botschaft sei. Wir wissen ja um Spannungen innerhalb neutestamentlicher Aussagen: in den Osterberichten etwa oder zwischen Paulustexten und dem Jakobus-Brief. Auf welche Seite sollen wir uns dabei stellen? Und wie kompliziert droht auf einmal ein synoptischer Predigttext zu werden, wenn er uns vor die Frage stellt, ob es sich dabei um ein verbum ipsissimum des Herrn handle oder aber um eine Überformung durch nachträgliche Gemeindetheologie?
Immer wieder kommt es so zu der homiletischen Entscheidungsfrage: Muß ich dies und das nicht der Gemeinde verschweigen, weil sie solchen Problemen einfach nicht gewachsen ist? Würde sie damit nicht nur verunsichert?

Das Evangelium ist aber doch eine *frohe* und zur *Freiheit* berufende Botschaft. *Kann* sie das aber sein, wenn ich sie mit dem Mehltau der Skepsis überziehe und sie in diesem dubiosen Zustand weitergebe? Und hier *muß* es doch zu Skepsis und Unsicherheit kommen — oder?

Sogleich aber stellt sich die Gegenfrage ein: *Kann* ich denn die aus dem theologischen Labor stammenden Schwierigkeiten überhaupt verschweigen, selbst wenn ich über meine Gewissensbedenken bei dieser reservatio mentalis hinwegkäme? Haben nicht Nachrichtenmagazine und populärwissenschaftliche Presseorgane längst öffentlich ausgeplaudert, was die Theologen in ihren Elfenbeintürmen ausbrüteten und in ihren esoterischen Zirkeln verhandelten? Das Verhältnis von Kanzel und Katheder *ist* ja schon von einem allgemeinen Mißtrauen umlagert.

In den Predigtmodellen dieses Kapitels möchte ich nun den Versuch machen, bestimmte Fragen, die sich so herumgesprochen haben — die geschichtliche Verläßlichkeit der Jesus-Berichte, die Problematik von verschieden erzählten Wundergeschichten und von eschatologischen Ausblicken — auf der *Kanzel* und also vor der *Gemeinde* zur Sprache zu bringen.

Diese Predigten wurden in der Michaeliskirche zu Hamburg gehalten. Die zuhörende Gemeinde war denkbar vielfältig hinsichtlich Alter, sozialer Schichtung und weltanschaulicher Bestimmtheit zusammengesetzt. »In den kreuz und quer aufgestellten Bankreihen des hafennahen ›Michel‹«, so berichtete der SPIEGEL etwas drastisch, »und auf der barock schweifenden Empore sitzen teuer angezogene Damen, Herrn mit breitrandigen Managerbrillen, Studenten und subalterne Beamte ebenso wie jene Leute aus dem nahen St. Pauli — Mädchen, Matrosen und Landstreicher —, die abends den Vergnügungsbetrieb an der Reeperbahn produzieren oder von seinen Abfällen ihr Leben fristen.« Es handelte sich also nicht um eine »konventionelle« Gemeinde, sondern um offenbar aus verschiedenen Ecken *fragende* und zum großen Teil säkularisierte

Menschen. Gerade das war für die *Form* der Adressierung wichtig. Ein starkes Briefecho kam von der jungen Generation.
Die drei Themen, die jeweils einen Schwerpunkt der heutigen Diskussion ansprechen*, knüpfen an ein Textwort an, das dann ausgelegt wird. Außerdem habe ich noch einen weiteren, als »Lesung« bezeichneten Textabschnitt hinzugesetzt. Er war bei den Gottesdiensten in die Eingangsliturgie eingebaut und hat einen besonderen Bezug zu dem jeweiligen Abschnitt: Entweder beleuchtet er das Thema von einer andern Seite oder er wird in der Predigt zitiert. Die Verdeutschung habe ich selbst vorgenommen. Sie versucht den Sinn des Urtextes genau zu treffen. Mein Ziel war nicht, daß die Texte »modern« klingen möchten. Doch war ich selbst überrascht, daß sie das dann doch tun.

Wichtig dazu erscheinen mir noch einige Vorerwägungen: Es stimmt zwar leider, daß man auf der Kanzel weithin zuviel verschwiegen hat. Soweit ich sehen kann — und ich kenne immerhin ziemlich viele Prediger, habe auch eine Anzahl Studentengenerationen zu diesem Beruf ausbilden helfen —, hatte dieses Verschweigen aber kaum seinen Grund in bloßen »Verdrängungen« oder gar in einer Taktik kirchlichen Selbstschutzes. Vielmehr meinten nicht wenige, dies und das — wie schon erwähnt — der Gemeinde »nicht zumuten« zu können; oder sie fürchteten, daß man es in den falschen Hals bekomme. Dabei ging man offenbar vom Bild eines Zuhörers aus, der den biblischen Kanon im Sinne der Verbalinspirationslehre versteht: als ein vom Himmel gefallenes unirdisches Buch also, zu dem man ein gesetzliches Buchstabenverhältnis hat, dem man aber nicht in jener Freiheit und jenem Zutrauen gegenübersteht, zu dem das Evangelium doch gerade befreien will. Hat man sich in diesem gesetzlichen Verständnis der Heiligen

* In Wirklichkeit waren es vier Predigten; eine davon lasse ich aus Raumgründen hier weg.

Schrift festgekrallt, wird man blind für ihre eigentliche Botschaft. Man muß dann zum Beispiel in der Schöpfungsgeschichte eine göttlich legitimierte Lehre über die Weltentstehung sehen statt — wie es doch in Wirklichkeit ist — eine Aussage über das Woher und Wohin des Menschen, über seinen Ursprung und seinen Lebensauftrag.
Wenn diese Aussage über das Woher und Wohin des Menschen nun im Rahmen eines antiken Weltbildes gemacht wird und wenn wir sie folglich in das veränderte System *unseres* Weltbildes übertragen müssen, dann hat dieser Vorgang kein größeres Gewicht, als wenn man die biblische Botschaft einmal in hebräischer, dann wieder in griechischer oder in deutscher Sprache ausspricht. Die Menschen eines Ptolemäischen Weltbildes drücken jene Botschaft ptolemäisch, die Nachkopernikaner drücken sie nachkopernikanisch aus. Und weil das jeweilige Weltbild hier nur als Aussage*mittel* fungiert, kann die Aussage selbst vom Wandel dieser Weltbilder durchaus unberührt bleiben, auf keinen Fall aber mit ihnen in Konflikt geraten. Im Gegenteil: die sich ändernden Weltbilder und die jene Änderung vorantreibende Wissenschaft lenken den Glauben gerade auf die Frage, was denn sein *eigentlicher* Gegenstand sei: Sollte er wirklich an einem veralteten Weltbild haften, um dann mit diesem zugrunde zu gehen? Oder sollte er sich nicht zu der Freiheit aufgerufen sehen, das tiefste Geheimnis menschlicher Existenz —nämlich ihr Verhältnis zu Gott — in jenen verschiedenen weltbildlichen Chiffren ausgedrückt zu sehen?

Das Rätsel jenes merkwürdigen »Verschweigens« hat seinen Grund wohl darin, daß man sich diesem Problem nicht stellt. Geht man tatsächlich von dem Leitbild eines buchstabenversklavten Hörers aus, dann muß man ihn »um der Liebe willen« — um welcher trügerischen Liebe willen! — mit solchen Überlegungen verschonen. Denn der Buchstabensklave steht ja in der Tat nun vor folgender Alternative: *Entweder* ich nehme den biblischen Kanon von Anfang bis Ende wörtlich, betrachte also auch seine astronomischen und kosmogonischen Aussagen als verbindliche Gotteswahrheit — *oder* aber die Fundamente meines Glaubens brechen zusammen. Ein einziger Stein, den ich aus diesem Gemäuer ausbreche (und sei es selbst jene Geschichte, in der Josua der Sonne gebietet »Stehe still!«, Josua 10, 12), führt zum Totaleinsturz. Muß ich mich also gegenüber den Ängstlichen, Stabilitätssüchtigen, den Verdrängenden und gesetzlich Verbissenen nicht zurückhalten, und zwar »um der Liebe willen«?

Ich glaube, daß es eine verhängnisvolle Entscheidung ist, wenn man diese Frage bejaht, so makellos auch das subjektive Motiv dabei sein mag. Das Argument, das ich dagegen vorzubringen hätte, ist durchaus nicht »aufklärerisch«. Das heißt, mein Motiv zum Widerspruch ist nicht dadurch ausgelöst, daß hier moderne Erkenntnisse unterschlagen würden. Das geschieht zwar *auch*, und das ist ebenfalls bedenklich. Denn ein Glaube, der sich gegenüber dem Erkennen tot stellen muß, wird seiner Bestimmung nicht gerecht. Er würde Gott in das Getto einer religiösen Provinz verbannen und würde ihm nicht alles ausliefern. Er würde ihm z.B. die Dimension des Geistes vorenthalten und ihm allenfalls fromme Gefühle zukommen lassen. Das wäre schon schlimm genug. Und doch setzt mein eigentlicher Einwand noch an einer tieferen Stelle ein:

Wer die Bibel so gesetzlich und knechtisch handhabt, verschließt sich gegenüber der *Freiheit*, zu der wir erlöst werden. Er hört nicht auf das, was Propheten und Evangelisten *sagen*, sondern er starrt gebannt auf ihre Gänsekiele, er beißt sich an Punkt und Komma fest. Dann aber verleugnet er die großartige Menschlichkeit Gottes, zu der er sich herabließ, er sieht nur einen toten Buchkodex und nicht mehr die lebendigen, in einer bestimmten Zeitgeschichte stehenden Menschen, durch die er zu uns spricht. *Darum ist es im letzten Grunde der Glaube selbst — und nicht der aufgeklärte Wissens-Standard —, der hier gegen sein eigenes Zerrbild protestieren muß.* Die Treue des Buchstabensklaven veruntreut gerade den Geist, dessen tönernes Gefäß die Buchstaben sind (vgl. 2. Kor. 3,6f.).*

Es ist ein wenig paradox, daß man in einer Zeit, die den Begriff der *Mündigkeit* zu einem theologischen (und politischen!) Schlagwort gemacht hat, die Gemeinde nicht eben selten nur mit einer Milch meint ernähren zu können, die vorher durch die Erbauungszentrifuge gedreht und mit Additiven der Harmlosigkeit versetzt worden ist. Wer allerdings die Probleme, vor die uns die historisch-kritische Schriftforschung stellt, theologisch nicht bewältigt hat und nun vor der Frage steht, ob er das Unverdaute von der Kanzel aus noch mit dem Etikett »Brot des Lebens« feilbieten dürfe, mag in der Tat die begründete Annahme hegen, daß er das der Gemeinde nicht zumuten könne. *Dann aber ist der Grund für seine Hemmung nicht in der Unmündigkeit der Gemeinde, sondern in seiner unbewältigten Theologie zu suchen.*

Hier stehen übrigens die verschiedenen Predigergenerationen vor verschiedenartigen und -gradigen Schwierigkeiten: Die Älteren fühlen sich in den Problemen jenes Sektors, den man als »moderne Theologie« zu bezeichnen beliebt, vielfach zu unsicher, um etwas Gegründetes zu sagen. Und ihre Art, diese Dinge dann zu umgehen oder zu ignorieren, ist möglicherweise sogar charaktervoller als der bloß rhetorische Bekenntnisprotest gegen eine Literatur, die man nicht einmal selber gelesen haben mag. Die Jüngeren dagegen sind — begreiflicherweise — mit diesen Fragen ebenfalls und auf *ihre* Art noch nicht fertig. Ihre Ungeduld mit der nichtsahnenden und in ihrer Ahnungslosigkeit oft

* Ich hatte in den USA immer wieder Gespräche mit Fundamentalisten zu führen, bei denen ich tunlichst vermied, den Eindruck eines »aufgeklärten« Wissenschaftlers zu machen. Das hätte ihre Hörbereitschaft sofort blockiert. Ich versuchte sie vielmehr »im Namen« der Bibel anzusprechen. Ich habe darüber in dem Buch »Gespräche über Himmel und Erde. Begegnungen in Amerika« berichtet (2. Aufl. 1965).

sehr selbstsicheren und gesetzlich glaubenden Gemeinde verführt sie deshalb leicht zu provozierenden und »verunsichernden« Äußerungen, die in der Regel nur im Munde eines sokratischen Meisters fruchtbar sind, während sie beim Unfertigen nicht selten frech, destruktiv und damit verhärtend wirken.

b) Die Schein-Alternative »konservativ« oder »modern«

Mit der üblichen Klischee-Alternative *»konservativ«* oder *»modern«* (bzw. »fortschrittlich«) haben diese Fragen freilich weniger als nichts zu tun. Die genannten Probleme des Bibelverständnisses gehen durchaus quer durch diese Scheinfronten hindurch. Welcher als konservativ bezeichnete (ehrlicher müßte man leider schon sagen: als solcher »verschriene«) Theologe verschließt sich denn vor den Erkenntnissen der Naturwissenschaft und dem damit einhergehenden »diesseitigen« Lebensgefühl? Wer findet sich denn in diesem Lager überhaupt, der etwa die biblische Schöpfungsgeschichte als verbindliche Weltentstehungstheorie und damit als Konkurrentin wissenschaftlicher Aussagen verstände? Wer von den sogenannten Konservativen stellte sich *nicht* der Spannung zwischen Glauben und Wissen und trüge sie so in sich selber aus, statt von einem vermeintlich gesicherten Hafen aus kopfschüttelnd die bösen Stürme des Zeitgeistes zu verfolgen?
Genauso läßt sich in umgekehrter Richtung fragen: Wer von denen, die man als »moderne«, als »kritische« Theologen bezeichnet, die mit scharfen Seziermessern den Texten zu Leibe gehen, hätte denn daraus gefolgert: Also und folglich kann ich nicht mehr glauben — also und folglich ist »mein einziger Trost im Leben und im Sterben«, der mir aus diesen Texten zufließen soll, nur Schaum und Traum gewesen?

Ich finde es unter diesem Aspekt höchst merkwürdig, daß heutige Atheisten, die das neutestamentliche Zeugnis von

Jesus dem Menschensohn für schrottreif erklären und zum Erweise dessen die Expertisen von Bultmann und andern zitieren, sich niemals einer doch sehr naheliegenden Frage stellen, der Frage nämlich: Wie mag es eigentlich kommen, daß ein so großer kritischer Bibelinterpret wie Bultmann eben *nicht* zu atheistischen Konsequenzen kommt (wie jene Schrott-Anwälte), sondern daß diese Art Leute Glaubende sind und bleiben, daß sie auch auf die Kanzel steigen und dort von Christus als dem Erlöser zeugen, ja daß sie in der Zeit der Christenverfolgung sich eindeutig den Reihen der Bekennenden Kirche einfügten? Ist dieser Vorgang nicht merkwürdig genug, um unsere Nachdenklichkeit herauszufordern? Aber wer denkt denn darüber nach?

Schon dieser Hinweis mag genügen, um sichtbar zu machen, daß die Polarisierung von »konservativ« und »modern« ein eitles und ungebildetes Unterfangen ist.

Auch ein ungebildetes! Denn hinter jener falschen Frontbildung steht historische Ahnungslosigkeit. Wüßte man, was z.B. »konservativ« bedeutet, würde man sich intellektuell genieren, diesen Begriff in der üblichen vulgären Weise mit »restaurativ« oder gar »reaktionär« gleichzusetzen und sich dabei durch die Gedankenverbindung mit einer Konservenbüchse steuern zu lassen.

Der Begriff »konservativ« ist als ein Programmwort gegen die Französische Revolution entstanden und hatte den Sinn, das Recht der lebendigen Geschichte gegenüber einem ideologisch konstruierten, abstrakten und künstlichen Staat zu vertreten. Natürlich wollten die sich so verstehenden Konservativen geschichtlich Gewordenes bewahren oder aus seiner Verschüttung wieder hervorholen. Dieser Wille war aber nicht durch die Absicht getrieben, im Sinne des Trägheitsgesetzes das Gewordene nur einfach fortzuspinnen und den status quo zu zementieren. Vielmehr ging man von der Annahme aus, daß unter dem geschichtlich Gewordenen ja auch einiges sein könnte, was sich bewährt hat! Dann aber wäre es doch töricht und unrealistisch, das Prinzip der Veränderung (oder wie man heute gern und wenig schön zu sagen beliebt: der Innovation) so blindwütig voranzutreiben, daß man das Kind mit dem Bade ausschüttet, also auch das Bewährte vernichtet. Was von den Vätern ererbt ist, muß man zwar »erwerben, um es zu besitzen«. Man kann es nicht einfach wie ein Konsument empfangen und bloß wiederkäuen, sondern man muß es kritisch prüfen. Man muß unter Umständen auch das Messer »an die eigenen Wurzeln« zu legen bereit sein (Nietzsche) und darf noch so teure Traditionen nicht unkritisch über sich Herr werden lassen. Aber man darf auch das Prinzip der Veränderung nicht zum Selbstzweck erheben und etwas nur deshalb verwerfen wollen, *weil* es eben alt ist. Das Vätererbe ist nicht schon deshalb, weil es eben »Erbe« ist, ein kompromittierender und darum möglichst schnell abzustoßender Ballast.

Wenn aber die Traditionen so die Zensurstelle unserer Kritik durchlaufen müssen, ehe wir sie annehmen und weiterreichen, dann werden doch *Vernunft* und *Gewissen* als kritische Maßstäbe in Anspruch genommen, und das kann nur heißen: Das so verstandene Konservative enthält einen Appell an unsere Mündigkeit, ja an unsere Autonomie.

In diesem Sinne bedeutet »bewahren« nicht, die Asche des Vergangenen aufzuheben, sondern es heißt, die Flamme zu hüten, also ein Anwalt des Lebendigen zu sein. Wie aber sollte das möglich sein, ohne dem »Modernen« in Offenheit gegenüberzustehen und also im Auge zu behalten, was »an der Zeit« ist?

Wer die Botschaft der Bibel hören will, muß sie aus seiner jeweiligen *Zeitgenossenschaft* heraus hören. Dabei wird er zum Beispiel bemerken, daß die im Neuen Testament gestellte Frage: »Was muß ich tun, um ewiges Leben zu gewinnen?« heute in dieser Gestalt nirgendwo auftaucht. Wer hätte sie schon je in einem Café, in einer Stammtischrunde oder an seinem Arbeitsplatz im Kollegengespräch vernommen? Wer diese Frage bloß zitierend aufgriffe, müßte unverstanden bleiben, und die Menschen würden — sofern sie überhaupt zu so jemandem kommen — nur kopfschüttelnd fragen: »Wovon redet der eigentlich?« Die Frage nach dem ewigen Leben ist deshalb aber keineswegs verstummt, sie ist nicht einfach veraltet und überfällig geworden, so daß wir darüber zur Tagesordnung schreiten könnten. Vielmehr taucht sie vielfach verschlüsselt und chiffriert auch in *unserm* Leben auf. Sie meldet sich unter den Zwängen unserer heutigen gesellschaftlichen Existenz, unter unserer Angst vor der Zukunft (vor Übervölkerung, Umweltverschmutzung und den Exzessen der Technik), unter Einsamkeit, Langeweile und Lebensleere. Das alles verstellt uns den Sinn unseres Lebens, und wir fragen uns, was dieses Dahinvegetieren ohne Grund, Ziel und Sinn denn überhaupt solle. Warum träumen denn Ungezählte von utopischen Zielbildern einer Geschichte, die schließlich das Paradies auf Erden bringen möge? Warum fliehen junge Menschen in den Rausch der Drogen? Suchen sie nicht alle — auf eine meist sehr fragwürdige und hilflose Art — den Fesselungen durch unerträglichen Leerlauf zu entrinnen? Verfolgen sie nicht die Fährte auf ein »X« hin, das dieses entleerte Leben überbietet und so etwas wie die Macht der Befreiung sein könnte? Was anderes wäre das aber als diese hilflose Umschreibung des »ewigen Lebens«? Man hört gewisse Glocken, weiß aber nicht, wo sie hängen.

Es geht diesen Leuten ähnlich wie den Athenern, zu denen Paulus spricht (Apg. 17, 16 ff.): Sie haben dem unbekannten Gott einen Altar errichtet und wissen nicht, wen sie damit meinen. Sie wissen nur, daß die sonst von ihnen angebeteten Götter nicht alles sein können und daß es noch etwas anderes geben muß, das Bedeutung für ihr Leben hat. Paulus aber sagt ihnen nun: »Ich verkündige euch, was ihr unwissend verehrt!« Er hätte auch sagen können: »Ich verkündige euch, wonach ihr sucht, ich nenne euch den Grund für euer Ungenügen.«

Damit war Paulus gewissermaßen »modern«. Er griff

nämlich eine *jetzt* bestehende Frage auf, er war in einem eminenten Sinne aktuell. Zugleich aber war er »konservativ«. Denn seine Predigt zielt auf die Feststellung, daß hinter den modernen Fragen die alte und nie veraltete Frage nach dem Heile, nach dem ewigen Leben steht. Und weil es dabei um eine Frage »von jeher« geht, darum wird man auch die bleibende Geltung der »von jeher« gegebenen Antwort auf diese Frage vermuten dürfen: daß es Gott selbst sei, der sich in jener Unruhe der Fragenden meldet.

Hier erweist sich die Torheit jener falschen Alternative »konservativ« *oder* »modern«. Das ewige Wort meldet sich in alten Texten aus Vätertagen. Es kommt auf dem Wege über vielerlei Traditionen zu uns. Doch konsumieren und zitieren wir es nicht einfach. Täten wir das, bliebe es tot, und wir würden zu bloßen Hütern von Asche und Schlacke. Wir trügen keine Fackel mehr. Nein: dieses Wort will *angeeignet* sein. Das geht aber nur so, daß wir dieses Wort mit unsern Fragen in Verbindung bringen, daß wir es als Antwort auf diese Fragen erleben und zugleich als eine Macht, die ganz andere und *neue* Fragen in uns auslöst. Wir treten in einen lebendigen Dialog zwischen Gegenwart und Vergangenheit.

Dabei rückt uns das Evangelium so nahe, daß der zeitliche Zwischenraum durchsichtig wird und die Gestalten des Neuen Testaments plötzlich neben uns und um uns herum stehen: Paulus und Petrus, aber auch der Reiche Jüngling und der Verlorene Sohn, das Kanaanäische Weib und der Hauptmann von Kapernaum. Wir »konservieren« die alten Fragen und Antworten nicht, sondern wir entdecken ihre Lebendigkeit. Wir bemerken, daß wir nicht über sie hinausgewachsen sind, sondern daß wir nur in sie hineinwachsen können. Sie sind das »Von-jeher« und zugleich das »Immer-Neue«, das uns zu Abenteurern und Entdeckungsreisenden macht. Wir kommen mit dieser Reise nie ans Ziel. Das Alte und Immer-Neue bleibt unerschöpflich. Darum warten wir noch auf ein anderes

Leben, in dem sich uns diese unerschlossene Fülle entbergen wird.

c) Das Forum des Gottesdienstes

Es schien mir wichtig, über diese Probleme vor der Gemeinde und vor Skeptikern öffentlich zu sprechen — vor allem über die Kern- und Sternfrage, wie sich *Glaube und Geschichte* zueinander verhalten. Die thematische Gliederung der einzelnen Reden zeigt, welche Schwerpunkte mir dabei vor Augen standen.
Was aus der Art, wie man sonst zu diesen Fragen Stellung nimmt, herausfallen mag, ist der Umstand, daß hier innerhalb der gottesdienstlichen Verkündigung dazu gesprochen wird. Ich wäre mißverstanden, wenn man etwa meinen würde, ich hätte zu dieser Form der Verkündigung gegriffen, um die Probleme zu popularisieren. Natürlich muß man vor einem so großen und derart bunt gemischten Hörerkreis um Allgemeinverständlichkeit bemüht sein und den Pluralismus der Anschauungen, Fragestellungen und Lebenssituationen bedenken, der in einer Versammlung dieser Art waltet. Doch war das nicht mein *eigentliches* Motiv. Ich bin vielmehr der Überzeugung — sie kam in den früheren Kapiteln schon zum Ausdruck —, daß die Verkündigung der Theologie *vor*geordnet sei und daß die Theologie nur von der schon *gehörten* Verkündigung her zurückfragen und erst dann ihr Reflexionsgeschäft treiben könne.
Natürlich ist das so vereinfacht gesagt. *»Reine« und für sich genommene Verkündigung gibt es überhaupt nicht. Vielmehr ist sie schon vom ersten Augenblick an mit theologischer Reflexion durchsetzt.* Das kann auch gar nicht anders sein. Denn wer verkündigt, hat die Botschaft ja für seine Person bereits vorher angenommen, besser: angeeignet. Das aber konnte er ja gar nicht anders als so — auch das deutete ich bereits an —, daß er sie mit seinen Lebensfragen, mit seiner Art, zu sprechen und zu denken, in Verbindung brachte.

Und genau das *ist* dann schon theologische Reflexion. Die zweite Rede in diesem Kapitel möchte klarmachen, daß und in welcher Weise das schon in den Evangelien so ist. Jedes von ihnen hat nämlich bereits ein deutliches theologisches Profil. Das, was ich mit dem Vorrang der Verkündigung meinte, läßt sich deshalb nicht in ein chronologisches Nacheinander von Verkündigung und Theologie auflösen.

Es geht hier nur um den entscheidenden *sachlichen* Akzent. So erscheint mir die Verkündigungsform der Aussagen, die ich in diesen Reden machen möchte, von der *Sache* her geboten zu sein. Dabei kann es allerdings nicht verborgen bleiben, daß der Verkündigende seinerseits Theologe ist und daß er sich auf der Kanzel unmöglich selbst als ein Fremder gegenübertreten kann. Natürlich bringt er seinen theologischen Schulsack mit auf die Kanzel, selbst wenn er ihn nicht sichtbar hin- und herschwenkt. Aber gerade, wenn man auch in theoretischen Äußerungen vielfach zu diesen Fragen Stellung genommen hat, erscheint es wichtig, sich selbst zur Ordnung zu rufen und an die Maßstäbe zu erinnern, die für jede Theologie verbindlich sind. *Eine Theologie muß gepredigt werden können, weil sie selber aus der Predigt stammt.*

Wenn die Probleme, die uns in der historisch-kritischen Schriftforschung, in der Formgeschichte, im Problemkreis »Glaube und Geschichte« überhaupt sowie in Methodenfragen der Hermeneutik umtreiben — wenn diese Probleme *theologischer* Natur sind, dann haben sie auch geistliche Bedeutung. Ist das aber so, dann müssen sie auch gepredigt werden und selber Teil der Verkündigung sein können.

Das zu zeigen, wollte ich versuchen. Und ich gab mich der Hoffnung hin — die auch nicht enttäuscht wurde —, daß die Hörenden für diese Fragen hörbereiter werden könnten, wenn sie sehen, *daß* man verkündigend darüber sprechen kann und daß die gottesdienstlichen Lieder und Gebete gegenüber dieser Botschaft nicht wie Fremdkörper wirken oder daß die Botschaft nicht ihrerseits wie ein Fremdkörper wirkt.

d) Welchen Weg wir einschlagen wollen

Methodisch bestehen die schwersten Probleme für mich dabei im folgenden:
Einmal kam es darauf an — und das ist nicht einfach, vielleicht auch nicht immer glücklich gelöst —, exemplarische Texte zu finden, an denen sich die Fragen darstellen lassen. Dabei konnten diese Fragen auch ihrerseits wieder nur in exemplarischen Schwerpunkten angefaßt werden. So erschien mir zum Beispiel die Sturmstillungsgeschichte (2. Rede) besonders fruchtbar, um an ihr das erwähnte Problem aufzuzeigen, warum es nie den Augenblick purer Verkündigung oder auch purer Geschichtsdarstellung gibt, sondern daß das jeweilige theologische Profil, daß die »Interpretation durch den Zeugen selbst« sich von vornherein deutlich abzeichnet. Für den Problemkreis »kommendes und gegenwärtiges Reich Gottes« (in der Schulsprache: »futurische und präsentische Eschatologie«) schien mir die Aussendungsrede Jesu (3. Rede) ein fruchtbarer Ausgangspunkt zu sein. Hier bedurfte es besonders umständlicher Hinführungen, um die Dimension unseres Glaubens zu bestimmen, in der sich die Gewißheit des Zukünftigen ergibt. Die theologischen Leser dieses Büchleins werden hier manches in seinen Hintergründen bemerken, was nur andeutend gesagt werden konnte.
Es hat mich übrigens gefreut, daß nach der Rede über die Sturmstillung genau jene Frage an mich gestellt wurde, die ich auch auszulösen beabsichtigte: Was tun die heutigen Prediger denn im Prinzip anderes, als was Matthäus auch getan hat, wenn er den überlieferten Wunderbericht nicht einfach mechanisch weitergibt, sondern wenn er ihn in das Licht der *ganzen* Erscheinung Jesu Christi, in das Licht des Auferstandenen und Erhöhten rückt?
Ein zweites methodisches Problem bestand für mich darin,

daß ich von der Kunst des Weglassens ausgiebigen Gebrauch machen mußte. Wer auch nur eine Ahnung von der Differenziertheit, der Verästelung und der Unabsehbarkeit der angerührten Fragestellungen hat, der wird mir nachfühlen können, daß es einen oft hart ankam, vieles ungesagt bleiben zu lassen. Der Kenner, sofern er einigermaßen wohlwollend ist, wird wahrscheinlich sehr wohl bemerken, welche Weiterungen immer wieder »durch die Blume« angesprochen werden und daß auch Unausgesprochenes nicht immer bedeuten muß, daß der Verfasser es nicht gesehen habe. (Am Schluß dieses Buches teile ich einiges mit, was ich andernorts über solche ausgelassenen Fragen gesagt habe oder was nur Angedeutetes in breiterer Entfaltung bringt.)

Doch »der Worte sind genug gewechselt«. Der Leser ist nun gebeten, mit dem Verfasser auf die folgenden Texte zu hören. Ich versuche mit ihrer Hilfe zugleich einen Predigttypus wieder zu verlebendigen, der zum Schaden der Kirche fast in Vergessenheit geraten ist: den Typus der »Lehrpredigt«.

Predigtmodelle

Im folgenden handelt es sich um drei in der Hamburger Hauptkirche St. Michaelis gehaltene Predigten. Ihnen sind jeweils zwei Texte vorangesetzt, deren erster die gottesdienstliche Lesung war, während der zweite den Predigttext bildete. Beide sollen sich thematisch ergänzen.

a) Wie verläßlich sind die biblischen Jesusberichte?

LESUNG: Lukas 14,16-24

Ein Mann veranstaltete ein großes Festmahl und lud viele dazu ein. Zur Stunde des Mahles sandte er seinen Knecht aus,

um den Geladenen sagen zu lassen: »Kommt nun, es steht alles bereit!«
Die aber fingen an, einer nach dem anderen, sich auf dieselbe Art zu entschuldigen.
Der erste sagte: »Ich habe einen Acker gekauft und muß *nun einfach losgehen und ihn anschauen. Bitte sei so freundlich und betrachte mich als entschuldigt!«*
Ein anderer ließ ausrichten: »Ich habe ein Ochsengespann erworben und bin gerade dabei, die Tiere zu besichtigen. Bitte entschuldige mich!«
Wieder ein anderer gab zur Antwort: »Eben habe ich geheiratet: ich kann doch unmöglich kommen!«
Als der Knecht nun zurückgekehrt war, erstattete er seinem Herrn Bericht über dies alles. Der wurde daraufhin sehr zornig und wies ihn an: »Los, begib dich schnellstens auf die Hauptstraßen und auch auf die Gassen der Stadt und bringe mir jetzt die Armen, die Krüppel, die Blinden und Lahmen her!«
Der Knecht meldete ihm dann: »Herr, es ist so gemacht worden, wie du befohlen hast; doch es ist immer *noch Platz!«*
Da erwiderte der Herr: »Dann geh auch noch auf die Landstraßen und an die Zäune und setze etwas Druck dahinter, daß die Leute mitkommen, damit das Haus voll wird!«
Ich aber sage euch: Nun wird niemand von denen, an die meine eigentliche Einladung gerichtet war, mein Festmahl kosten.

TEXT: Lukas 1,1-4 und 1. Korinther 15,3-8.14.19

Schon viele haben sich daran gemacht, von den Ereignissen um Jesus zu berichten, die sich unter uns begeben und vollendet haben. Sie hielten sich dabei an das, was uns weitergegeben wurde, und zwar von Männern, die von Anfang an als »Augenzeugen« dabei waren und die das Wort dann auch seinerseits als seine Zeugen in Dienst nahm.
Für meine Person bin ich nun ebenfalls Schritt für Schritt und

Punkt für Punkt dem allem von Anfang an nachgegangen und habe mich entschlossen, es für dich, hochgeehrter Theophilos, aufzuschreiben, und zwar peinlich genau und nach seinem zeitlichen Ablauf. Ich tue das, um dir die Verläßlichkeit der Worte zu verdeutlichen, in denen du unterwiesen wurdest.

Vor allem ist eines *zu betonen: Ich habe euch nur* das *weitergegeben, was ich auch* meinerseits *empfangen habe: daß Christus im Einklang mit dem Zeugnis der Schrift für unsere Sünden starb, daß er begraben und dann am dritten Tage auferweckt wurde — wiederum im Einklang mit der Schrift. Er erschien dann dem Kephas, darauf den Zwölfen. Später wurden über fünfhundert Brüder zugleich seiner Erscheinung gewahr. Die meisten von ihnen leben ja noch unter uns; nur einige sind gestorben. Schließlich erschien er dem Jakobus und endlich allen Aposteln. Zu guter Letzt erschien er dann auch noch mir, der ich so unreif dafür war wie eine Frühgeburt für das Leben.*
Sollte es aber nicht stimmen, daß Christus so auferweckt wurde, dann wäre unsere Verkündigung Schall und Rauch und euer Glaube wäre Makulatur.
Setzen wir nur für dieses *Leben unsere Hoffnung auf Christus, sind wir die bedauernswertesten unter allen Menschen.*

Das sind monumentale Texte, nicht wahr. Sie zeigen eine granitne Gewißheit in allem, was sich um Jesus herum begeben hat. Es können ja noch Augenzeugen interviewt werden; und die Überlieferung erscheint lückenlos.
Wie schön wäre es, wenn wir dieser Versicherungen nun auch unsererseits sicher sein könnten! Aber können wir das? Schließlich handelt es sich doch um antike Menschen; und was *ihnen* einleuchtet, kann *uns* noch längst nicht so plausibel sein. Wenn *sie* mit frommem Schauer einen Wunderbericht hören, sind *wir* gerade skeptisch und

nehmen ihn unter die kritische Lupe. Wir wissen doch, daß die Welt ein in sich geschlossenes System ist, und können es deshalb nicht einfach so hinnehmen, wenn da von transzendenten Einbrüchen in dieses System, von Totenerweckungen, Sturmstillungen und himmlischen Chören die Rede ist.

Außerdem haben sich seit den Bemühungen des Lukas unsere historischen Methoden unendlich verfeinert. Sie sind geradezu raffiniert geworden. Einem Theophilos des 20. Jahrhunderts wären die Forschungsarbeiten des Lukas wahrscheinlich nicht exakt genug. Und jeder Zeitungs- und Magazinleser weiß doch heute, wie umstritten das ist, von dem Lukas gesagt hat, es sei bombensicher. Ist in diesem Buch nicht Historisches und Legendäres, Berichtendes und Kommentierendes so abenteuerlich vermengt, daß die Konturen des wirklichen Geschehens um Jesus Christus sich verwischen und die Gestalt des Herrn selber im Unerkennbaren verschwindet?

Warum reitet man aber überhaupt auf solchen historischen Berichten und auf der Frage ihrer Verläßlichkeit herum? Gibt es nicht genug Worte der Evangelien, die in sich selbst evident genug sind, die sozusagen das Aroma der Wahrheit an sich haben und darum der historischen Bezeugung gar nicht bedürfen? »Alles, was ihr wollt, daß euch die Leute tun, das tut ihr ihnen auch!« Dieses Wort Jesu gilt doch auch *ohne* die Autorität des Historischen, es gilt doch auch dann, wenn der Herr es nie gesagt hätte, oder etwa nicht? Und wie steht es mit dem Gebot der Nächstenliebe? Oder mit dem Wort von den Lilien auf dem Felde, die sorglos blühen und uns das Vertrauen auf den Weltgrund lehren können? Das alles packt einen doch mit sozusagen *eigener* Autorität; hier spüren wir das Urgestein der Wahrheit.

Wenn das aber so ist: *Warum* dann die ganze historische Schnüffelei, *warum* dann die Frage, ob er es wirklich so gesprochen habe oder ob es ihm später in den Mund gelegt worden sei? *Warum* dann die Frage, ob dies oder jenes wirklich geschehen oder ihm nur nachher angedichtet worden sei? Geraten wir so nicht in die Sackgassen ganz falscher Fragestellungen? Und sind nicht schon Lukas und Paulus selber in diese Sackgassen geraten, wenn sie alles von der Verläßlichkeit der Zeugen, der Berichte und Traditionen abhängig machen? Sind wir *Heutigen* denn erst so gescheit, um diese falsche Frage nach dem Historischen zu durchschauen, und sind Paulus und Lukas wirklich nur naiv gewesen?

Ich bin dafür (und vielleicht auch meinerseits naiv genug!), daß wir Paulus und Lukas zunächst einmal *ernst* nehmen und uns überlegen, was sie sich dabei gedacht haben könnten, wenn sie die Tatsächlichkeit, wenn sie das reale Geschehensein der Ereignisse so eindeutig akzentuieren.

In Jacobsens Erzählung »Die Pest in Bergamo« predigt ein junger, bleicher und fanatischer Mönch darüber, wie Christus gekreuzigt wurde und wie die bechernde, grölende Soldateska unter diesem Kreuz ihn dann verhöhnte. Da ward Gottes Sohn — so heißt es — von Zorn und Verachtung erfüllt. Er erkannte, daß dieses Gemächte der Erlösung gar nicht wert sei. Er riß seine Füße und Hände aus den Nägeln, sprang herab auf die Erde, raffte sein Gewand, um das sie würfelten, an sich, warf es mit dem Zorn eines Königs über die Schulter und fuhr zum Himmel auf. Das Kreuz aber blieb leer stehen, und das große Werk der Versöhnung ward niemals vollbracht. »Es gibt keinen Mittler zwischen Gott und uns«, rief der Mönch, »es ist kein Jesus für uns am Kreuz gestorben. Versteht ihr: Es ist kein Jesus für uns am Kreuz gestorben.« Und in seinem Roman »Pontius Pilatus« dichtet Roger Caillois das Evangelium ähnlich um: Jesus von Nazareth wird von Pontius Pilatus freigesprochen; er geht also nicht ans Kreuz und verbringt den Rest seines Lebens als ein Prediger, dem wir viele goldene Worte verdanken. Il n'eut pas de Christianisme — »das Christentum aber blieb aus«, so schließt das Buch. Es soll ein Gedankenexperiment sein, das die Frage durchspielt: Was wäre, wenn Christus nicht verurteilt und am Kreuz gestorben wäre?

»Es ist kein Jesus für uns am Kreuz gestorben.« Hier greifen die beiden Dichter, wenn auch mit anderer Tendenz, die Frage des Paulus auf: Was wäre, wenn die Sache mit Christus nicht stimmte, wenn angeblich Geschehenes gar nicht passiert wäre? Und der Chor dieser sehr verschiedenen Stimmen antwortet: Das Christentum wäre ausgeblieben. Die Geschichte wäre anders verlaufen, wenn es diese Voraussetzungsgeschichte für alles Folgende eben *nicht* gegeben hätte. Und wir, die wir dieses alles gepredigt, die wir daran geglaubt und unser Leben darauf gegründet hätten, wären betrogene Betrüger und bedauernswerte Opfer eines Phantoms.

Wenn die französische Schriftstellerin Unm-el-Banine ihren Lebensbericht mit den Worten schließt: »Ich hatte das Opium gewählt — und Christus hat mich von den Toten auferweckt«, dann wäre aus der Ironie jetzt bitterer Ernst geworden, und das Opium behielte tatsächlich recht, *wenn* Christus *nicht* auferstanden wäre und wenn der Grund nicht bestünde, in dem mein eigenes Lebenswunder zu gründen schien.

So bezeugen die Dichter in ihrer Art und auf sehr verschiedene Weise, manchmal mit entgegengesetztem Ziel, was daran liegt, daß die »großen Taten Gottes« geschehen und daß sie nicht nur Gleichnisse für zeitlose Wahrheiten sind. *Entweder* Gott ist an Weihnachten zu uns gekommen und der »Aufgang aus der Höhe hat uns besucht« — *oder* wir tappen als faustische Wanderer im Dunkeln, und die Aussicht nach drüben ist uns versperrt. *Entweder* Jesus Christus hat am Kreuz für uns gelitten, es hat also dieses Wunder der Stellvertretung gegeben — *oder* wir bleiben an das Unbereinigte in unserem Leben gefesselt und rufen aus einer Tiefe, in der uns niemand hört. *Entweder* hat Jesus Christus am dritten Tage die Front des Todes durchbrochen — *oder* die Todesgrenze unseres Lebens bestimmt auch seinen Sinn und überantwortet uns der Maxime:

»Laßt uns essen und trinken, denn morgen sind wir tot« (1. Kor. 15, 32).
So hart stoßen hier die Alternativen aufeinander, so grell wird hier das ins Licht gerückt, was auf dem Spiele steht, wenn bei den großen Taten Gottes die Frage nach der Wahrheit und der Illusion gestellt wird. Von Jean Paul bis Dostojewskij, von Jacobsen bis Caillois haben die Dichter das Gewicht dieser Tatsachenfrage manchmal deutlicher, beklemmend klarer gesehen als viele Theologen. Sie sahen es sogar dann, wenn sie (wie Jacobsen) Atheisten waren.

Wenn das aber so ist, dann scheint es zunächst ja um alles andere als eine befreiende Feststellung zu gehen! Dann ist unser Glaube doch, wenn nicht alles trügt, an überaus belastende Probleme ausgeliefert, ja in ein wahres Minenfeld schwerster Fragen verstoßen: Hängt unser Glaube nämlich daran, daß wirklich etwas *geschehen* ist, daß es reale Gottestaten *gegeben* hat, dann muß dieser Glaube doch auch der historischen Frage und also der Kontrolle der Historiker standhalten. Dann kann der Glaube doch nicht einfach sagen: »Es steht geschrieben« und die Augen zumachen. Denn es kann doch nicht zwei verschiedene Wahrheiten geben: eine, die der *Glaube* glaubt, und eine womöglich entgegengesetzte, die als Ergebnis der *Wissenschaft* herausspringt. Sonst käme es zu jener Schizophrenie, die Lessing einmal beschreibt, wenn er den Schmerzensruf ausstößt, daß er mit dem Herzen ein Christ und mit dem Kopf ein Heide sei. Wenn Christus nicht auch der Herr unseres Kopfes, unseres *historischen* Kopfes ist, wird er auch nicht mehr der Herr unseres *Lebens* sein. Ein Heiland, der nur mit Gemütswerten zu tun hat und gegenüber den intellektuellen Zonen exterritorial ist, kann kaum den Rang beanspruchen, unser Erlöser zu heißen. Ein Glaube, der intellektuelle Zweifel ignoriert oder verdrängt, statt sich ihnen zu stellen und sie entschlossen zu durchschreiten, wäre überhaupt kein Glaube; er wäre wahrscheinlich nicht einmal Kleinglaube.

Es ist also durchaus kein Zeichen von Frömmigkeit, wenn ich stur am Bibelbuchstaben hafte und wenn ich mir jede kritische Frage, ob das Berichtete denn auch wahr sei, als Zeichen des Unglaubens vom Leibe halte. Wer so denkt, traut dem lebendigen Herrn wenig Größe zu. Und ganz gewiß würde der Herr manchem dieser Frommen nicht sagen: »Ei, du frommer und getreuer Knecht, gehe ein zu deines Herrn Freude!«, sondern viel eher: »O, ihr Kleingläubigen, warum seid ihr so furchtsam? Warum sucht ihr mich Lebendigen bei den Toten (auch bei den toten Buchstaben)? Meint ihr, jedes Lüftlein von Kritik könnte mich umwehen, mich, dem doch Wind und Wellen gehorsam sein müssen?« Wer Jesus Christus zum ganzen und ungeteilten Herrn erwählt, darf sich auch selber nicht teilen, vor allem nicht teilen in ein vertrauendes Herz, das er zur Verfügung stellt, und in einen kritischen Kopf, den er für sich behält, oder — was noch schlimmer ist — den er einfach kaltstellt.

Dann aber, das ist doch nun die Folge, müssen wir fragen, wie der Glaube sich mit der Verläßlichkeit der biblischen Jesusberichte *auseinandersetzt.* Das ist natürlich ein weites Feld, und ich kann wie bisher auch nur einige Schwerpunktfragen herausgreifen.

Die *erste* Frage, vor die sich der Glaube gestellt sieht (die übrigens auch der wache Amateur ohne besondere historische Schulung bemerkt), rührt davon her, daß schon die Evangelisten in ihren Berichten selbst vieles bringen, was nicht genau zueinander stimmt und sich manchmal sogar widerspricht. Das kann im einzelnen sehr verschiedene Gründe haben, die darzustellen hier zu weit führen würde. Nur einen von ihnen, den ich allerdings auch für den wesentlichsten halte, will ich nennen: Alle vier Evangelien berichten nicht einfach, sondern sie interpretieren, sie *deuten* das Berichtete zugleich unter ganz bestimmten und in sich wieder verschiedenen Gesichtspunkten:

Der *Markusbericht* zum Beispiel, so hat es Martin Dibelius einmal ausgedrückt, ist das Buch der »geheimen Epiphanien« Jesu. Damit meint er dies: Der Gottessohn lebt in tiefer Verhüllung und unerkannt unter seinen Menschenbrüdern. Aber schrittweise lüftet er dieses sein Inkognito (vor allem die Elenden und Gebundenen, denen er hilft, erkennen ihn), bis er es schließlich zu Ostern völlig fallen läßt und in seiner Glorie erscheint.
Das *Matthäusevangelium* dagegen gliedert das Drama um Jesus von Nazareth in das Gesamtpanorama des Heilsgeschehens ein, versteht es als Erfüllung alter Weissagungen und läßt es auch seinerseits wieder Weissagung des Zukünftigen sein. So stilisiert es seinen Bericht eben auf *dieses* Thema hin.
Die Schriften des *Lukas* endlich sehen in der Christusgeschichte die Aufgipfelung einer Linie, die im Alten Bunde beginnt und sich dann über die Geschichte der Kirche bis zum Jüngsten Tage fortsetzt.
Das sind nur ein paar kümmerliche Andeutungen, in denen sichtbar wird, wie die Stoffe jeweils perspektivisch verschieden gesehen und unter anderen thematischen Gesichtspunkten zusammengeordnet und redigiert werden.
Ich möchte gerne ein *Beispiel* anführen, damit das noch deutlicher wird:
Wir kennen die Geschichte vom großen Abendmahl. (Sie ist dieser Rede vorangestellt.) Sehen wir uns nun die Darstellung dieses Gleichnisses an, wie Matthäus sie bringt, so erkennen wir zwar die Grundlinien deutlich wieder, wie Lukas sie gezeichnet hat. Zugleich aber sind ganz neue Züge hinzugefügt und andere Akzente gesetzt: Aus dem vornehmen Mann, den Lukas nennt, ist bei Matthäus ein König geworden, der seinem Sohn ein Hochzeitsmahl bereitet. Als die ausgesandten Knechte (es ist hier nicht mehr bloß einer) nun umgebracht werden von denen, die eingeladen waren, sendet der erzürnte König seine Heere gegen die Stadt derer, die so undankbar und so brutal auf seine Einladung reagiert haben, und läßt sie einäschern.

In den ursprünglichen Gleichnisrahmen sind also weitere Züge eingefügt: Der König ist ein feststehendes Bild für Gott, der Königssohn ist eine Chiffre für den Messias, die Hochzeit bedeutet die messianische Zeit der Freude und der Erfüllung. Das Schicksal der Königsboten ist ein Gleichnis für das Blutopfer der christlichen Zeugen, und die verbrannte Stadt bildet die Katastrophe Jerusalems im Jahre 70 ab.

So hat Matthäus in diesem Gleichnis des Herrn die Geschichte Jesu, den Weg der ersten Gemeinde und zugleich das jüdische Schicksal wiedererkannt. Und indem er es wiedererkannte (oder das Gleichnisbild und das Bild seiner geschichtlichen Erfahrung zusammenkopierte), hat er die entsprechenden Linien des Gleichnisses verstärkt und andere wieder zu punktierten Strichen werden lassen.

Wenn ich nun sage: Matthäus hat das ursprüngliche Gleichnis stilisiert, er hat es nicht einfach wortgetreu wiedergegeben, sondern hat es zugleich kommentiert und unter einen bestimmten thematischen Gesichtspunkt gerückt — wenn ich das also sage, bringe ich dann etwa zum Ausdruck, er habe es folglich verfälscht, übermalt und willkürlich zurechtgebogen? Möchte ich damit sagen: Das ist es ja gerade, warum die Evangelien unsern heutigen Ansprüchen exakter Historie nicht genügen? Denn wäre Matthäus im heutigen Sinne ein korrekter Berichterstatter oder gar Philologe gewesen, so hätte er wörtlich und ohne eigene Zutaten »zitieren« müssen. Er hätte wie ein Photograph und nicht wie ein deutender Maler, der sich mit dem Gegenstand seines Portraits auseinandersetzt, das Geschehene und Gesprochene objektiv registrieren müssen. Und eben das hat er *nicht* getan.

In der Tat besteht kein Zweifel, *daß* er es nicht getan hat, daß er nicht nur exakt bezeugt, sondern sich als Zeuge sozusagen selbst in das Bild einmengt. Aber wie kommt das? Ist das nur primitiv, während wir heute zu den verfeinerten Methoden objektiver Berichterstattung durchgefunden haben? Oder hat es vielleicht ganz andere und tiefere Gründe, die uns diesen modernen Hochmut schlagartig rauben können, wenn wir sie erst einmal eingesehen haben? *Das* ist hier die Frage.

Damit bin ich schon bei dem zweiten der angekündigten Probleme. Das erste ergab sich durch die Feststellung, daß die einzelnen Evangelien perspektivisch verschieden sind, daß sie jeweils andere thematische Schwerpunkte haben. Die zweite Frage ist nun, was das für die geschichtliche Verläßlichkeit der Evangelisten bedeutet. Scheint nicht alles dafür zu sprechen, daß hier *subjektive Elemente* hineingemischt werden, so daß es bei dieser Technik der Berichterstattung unmöglich wird, je dahinterzukommen, wie es (im Sinne Rankes) nun wirklich und an sich gewesen ist? Und sind deshalb nicht auch alle Versuche, die Gestalt des »historischen Jesus« zu rekonstruieren, gescheitert? Albert Schweitzer hat diese Geschichte des Scheiterns in seinem berühmten Werk über die Leben-Jesu-Forschung dargestellt.

In der Tat könnte es ja vom Standpunkt moderner Geschichtsschreibung her so aussehen, als ob die Evangelisten ihre eigene Subjektivität und bestimmte tendenziöse Absichten in ihre Darstellung Jesu hineingemogelt hätten. Denn ganz sicher haben sie sich nicht die Aufgabe gesetzt, wie Archivbeamte in unbeteiligter Objektivität Akten über gewisse Vorfälle zusammenzustellen.

Aber *warum* haben die Evangelisten das nicht getan? Warum kommt es hier zum Zusammenstoß mit unsern heutigen Begriffen von Historizität?

Vielleicht haben wir modernen Menschen hier einen blinden Fleck im Auge, so daß wir den eigentlich sehr einfachen und elementaren Grund für dieses Verfahren der ersten Zeugen nicht bemerken. Dieser Grund liegt nämlich darin, daß Jesus von Nazareth für die urchristliche Gemeinde in erster Linie nicht eine Gestalt der Vergangenheit, sondern daß er der erhöhte und lebendige Herr ist, dessen Gegenwart sie von allen Seiten umgibt. Seine Worte »Dir sind deine Sünden vergeben« stehen nicht in dem Protokoll über ein Einst, sondern sie vollziehen sich jetzt für den, der ihn im Glauben anruft. *Jetzt* werden die Ketten gesprengt; man kann es am eigenen Leibe erfahren und kann das Rasseln hören. Und wo zwei oder drei in seinem Namen versammelt sind, da ist er mitten unter ihnen. Er »war« es nicht nur, sondern er »ist« es, und er »wird« es auch noch sein als der Herr des Jüngsten Tages.

Das Entscheidende, was hier eingesehen werden muß, ist also dies: *Die urchristlichen Zeugen können gar nicht anders, als die Geschichte des irdischen Jesus im Lichte seiner Auferstehung zu sehen, sie gleichsam von rückwärts zu lesen.* Es ist zwar nur eine bedingte Parallele, dient aber vielleicht doch zum Verständnis, wenn ich darauf hinweise, daß wir es bei der Darstellung einer geschichtlichen Gestalt nicht unähnlich machen: Wenn wir Goethe oder Napoleon oder selbst eine so abgründige Gestalt wie Hitler historisch untersuchen, gehen wir ja deutend aus von den späteren Lebensstadien, in denen sich diese Gestalten aufs äußerste entfaltet und in Taten und Worten am offenkundigsten ausgesprochen haben. Das sind dann sozusagen die Sternstunden oder auch (wie bei Hitler) die Sonnenfinsternisse in diesen Lebensläufen, und gerade *sie* bilden doch den Schlüssel, mit dem man das Geheimnis dieser Gestalten aufschließt und dann bis in die unscheinbaren Anfänge ihres Werdens hinein zurückverfolgt. Wir fragen dann: Welche Bedingungen waren in seinem Erbstrom, in seiner Erziehung, in seiner ganzen Biographie enthalten, so daß er dies und das werden konnte? Wo waren die Keime für jene Entfaltung, die wir in den äußersten Reifegraden vor uns haben?

So sehen auch die Evangelisten den Herrn vom Augenblick seiner äußersten Entfaltung, von der Gegenwart des Erhöhten her.

Aber damit zerbricht freilich schon unser kümmerlicher Vergleich. Denn die Gegenwart des Erhöhten ist etwas völlig anderes als das, was wir bei Goethe oder Napoleon als die äußerste Entfaltung, als die »Sternstunde ihrer Lebensbahn« bezeichnen: Wenn Jesus Christus als der Auferstandene *lebt*, wenn er unser einziger Trost im Leben und im Sterben ist, wenn ihm alle Gewalt im Himmel und auf Erden gegeben ist und wenn die Geschichte mit ihren Liebesromanen und Tragödien, mit den Geschicken der einzelnen und ihren nuklearen Feuern vor seinem Throne enden muß, dann sehe ich unter diesem Aspekt das historische Leben Jesu völlig *neu*, sehe es gleichsam mit neuen Augen an, ja noch mehr: ich gewinne von da aus eine völlig neue Weltorientierung für mich selbst. Meine alten Maßstäbe stimmen nicht mehr.

Wie sollte ich dann aber das Leben des irdischen Jesus überhaupt noch mit archivarischem Interesse und als distanzierter Zuschauer betrachten können? Er ist ja gar nicht einfach der Gewesene, sondern er ist auch der, mit dem ich es *jetzt* zu tun habe, dessen Pochen an meine Lebenstür gewaltig auf mich eindringt. Er ist auch der, der nicht von mir scheiden wird, »wenn ich einmal soll scheiden«. Und selbst in der Ewigkeit wird er noch mein Schicksal sein, wenn er mich durch alle Gerichte hindurchreißt. Das gibt der Welt, wie wir im Weihnachtsliede singen, in der Tat »einen neuen Schein«.

Darum sehen die alten Zeugen und wir mit ihnen schon über seiner Geburt den offenen Himmel und hören den Lobpreis der himmlischen Heerscharen. Wir stehen vor dem Wunder der Christnacht. Denn von seiner Erhöhung her wird deutlich: dieser Eine und Einzige ist nicht aus dem Erbstrom von Fleisch und Blut zu erklären, sondern sein Ursprung und seine Bestimmung lassen ihn uns von Anbeginn her geheimnisvoll nahe und zugleich majestätisch entrückt sein. Die Evangelisten, denen es bei der Übermacht seiner Gegenwart schier die Sprache verschlägt, sehen schon im Leben des irdischen Jesus plötzlich anderes und — weiß Gott! — auch »mehr«, als ein bloßer Buchhalter der Geschichte es bei noch so großer Akribie je zu sehen vermöchte. Sie sehen ja ein gelüftetes Inkognito, sie sehen eine hervorbrechende Herrlichkeit.

Wenn die Urchristenheit also den Erniedrigten mit dem Erhöhten identifiziert (so Ernst Käsemann), wenn sie den Zimmermannssohn aus Nazareth und den Verklärten in eins sieht, dann bekundet sie damit zweierlei:
Einmal, daß sie ganz außerstande ist, auch außerstande sein *muß*, bei der Darstellung der Geschichte Jesu von ihrem Glauben abzusehen. Wie könnte sie denn auch das Entscheidende verdrängen und beiseite schieben, was ihr an ihm aufgegangen ist? Wie könnte sie noch naiv das vordergründige Inkognito Jesu beschreiben, wenn sie doch das Geheimnis seiner Glorie und wenn sie also das begriffen hat, was die Ikonen mit dem goldenen Hintergrund und der Aura andeuten wollen?
Aber die Urgemeinde bringt damit, daß sie den erhöhten Christus und den irdischen Jesus in eins sieht, noch ein *Zweites* zum Ausdruck: daß sie nämlich unter keinen Umständen bereit ist, einen Mythos an die Stelle des Nazareners treten zu lassen. Zu mythischer Höhe pflegt man ja nur Gestalten zu erheben, deren Konturen in grauer Vorzeit verschwimmen, nicht aber eine Gestalt, deren »Straße und Hausnummer« man kennt, weil man ihr noch gestern begegnete.

Das ist die eigentümliche *Zweifrontenstellung*, der sich die urchristliche Darstellung der Geschichte Jesu überantwortet sieht und die man verstanden haben muß: daß sie nicht mit statistisch-historischem Interesse die Biographie eines beliebigen Einwohners aus Nazareth aufzeichnet, sondern daß sie diese Gestalt im Lichte des dritten Tages sieht, jenes Tages also, der ihr Inkognito gelüftet hat; und daß sie gleichzeitig keinen Mythos aus Jesus von Nazareth macht, sondern eisern daran festhält, daß das ewige Wort Fleisch geworden ist und »an Gebärden als ein Mensch erfunden« wurde.

Wenn Jesus Christus aber der ist, dessen Hoheit und dessen Knechtsgestalt dem Glauben aufgegangen ist, wie soll man ihn dann *anders* bezeugen und beschreiben als so, wie die Evangelisten es eben getan haben? Wie könnte man da noch neutral und distanziert bleiben? Wird hier nicht die Objektivität eines bloß historischen Interesses einfach zerschlagen? Jemand, der im Polstersitz eines Kinos die Aufnahmen eines Erdbebens sieht, wird das natürlich anders in seinem Bewußtsein realisieren als jemand, dem *selber* der Boden unter den Füßen wankt und dem die bergenden Wände seines Hauses plötzlich zur Bedrohung werden und auf ihn einstürzen. Hier aber, im Anblick des erniedrigten und erhöhten Christus, knistert es ja tatsächlich im Gebälk der alten Welt, da öffnet sich der Himmel, zerreißt der Vorhang im Tempel, erbebt die Erde, zerspringen die Felsen, und die Gräber tun sich auf. (Das letzte war übrigens ein Zitat. Wir kennen es alle aus der Matthäus-Passion und hören dabei die Fassungslosigkeit des Schreckens, die Zertrümmerung aller Objektivität, die Johann Sebastian Bach uns hier mit Tönen mitzuteilen weiß.)

Hat man das begriffen, hat man also verstanden, um *welches* Thema es hier geht, *was* man hier gesehen hat und wie unsere normalen Aufnahmeantennen sich gleichsam darunter verbiegen, dann wird einem noch manches andere klar, was sonst unverständlich bleiben muß:
Weil die Gemeinde im irdischen Jesus zugleich den Auferstandenen sieht, nehmen seine einst gesprochenen Worte, wie schon gesagt, die Züge der Gegenwart an. Wenn aber das historische Einst und der gegenwärtige Augenblick so identisch werden, dann löst sich plötzlich etwas auf, was wir vorher als Widerspruch in der Darstellung der Evangelien empfinden mochten: Nämlich einmal die »unbestreitbare Treue und Bindung an Jesu Wort« (so Günther Bornkamm), die mit solcher Akribie gesucht wird, wie Lukas es in dem vorangestellten Text ja sagt. Und

ferner das erstaunliche Maß von Freiheit gegenüber dem »historischen« Wortlaut: Jesu Wort wird zwar treulich bewahrt und weitergereicht und dennoch nicht mit buchhalterischer Pedanterie gehütet. Ja, man darf geradezu formulieren: Die Überlieferung gibt nicht eigentlich sein einst gesprochenes Wort wieder und weiter, sondern sie ist sein Wort *heute* — sie *ist* sein Wort heute.

Endlich wird noch ein Letztes klar:
Wenn so der Berichterstatter als Ergriffener immer dabei ist, wenn er nicht neutraler Zuschauer im Parkett ist, sondern sozusagen mit auf der Bühne steht, wenn er in das Drama mit verwickelt ist und gar nicht anders kann, als seine eigene Geschichte mit Jesus *mit* auszusagen, dann wird man diese »subjektiven« Seiten seines Berichtes schwerlich als Dichtung oder gar als Phantasieprodukt abtun können. Mag auch manches, was uns von Worten Jesu überliefert ist, nicht im strengen Sinne auf den historischen Jesus selber zurückgehen, mag es also im archivarischen Sinne »unecht« sein und als Gemeindebildung bezeichnet werden — so hat man es sich ja doch nicht aus den Fingern gesogen und willkürlich hinzugefügt, sondern es ist dann die *Antwort* der Gemeinde auf das, was Jesus ihr gesagt hat und ihr bedeutet. Wie im Gottesdienst »respondiert« die Gemeinde hier, einfach weil sie gar nicht davon absehen kann, daß sie ja in all das verwickelt ist, was von Jesus Christus ausgeht, und weil in diesem Drama niemand bloßer Zuschauer, Kritiker und Berichterstatter sein kann, sondern sofort selbst hineingezogen wird und mitspielen muß. Niemand kann den Dialog Jesu mit dem reichen Jüngling oder mit dem kanaanäischen Weib oder dem Zöllner Zachäus einfach referieren wie ein Reporter, der etwas belauscht hat, oder gar wie ein Tonband, das nur registriert. Sondern ich bin, *indem* ich jene Dialoge Jesu höre, sofort ein Engagierter und damit in eine Zone versetzt, wo die Dinge für mich verbindlich werden. Das Wort an den reichen Jüngling: »Verkaufe alles, was du

hast«, gilt auch *mir.* Das Schweigen Jesu gegenüber der Not des kanaanäischen Weibes ist das gleiche Schweigen, unter dem auch ich leide und das meinen Glauben auf die Probe stellt. Niemand kann Christus anders bekennen als so, daß er gleichzeitig bekennt, wer und was dieser Christus für ihn selber ist und daß er also auch von sich selber redet.
Das ist die tiefe sachliche Begründung dafür, daß die Evangelisten gar nicht im simplen Sinne »historisch« berichten *können,* sondern daß sie Bekenntnisse bringen müssen, daß sie verkündigen und predigen, daß sie als Engagierte sprechen.
Wenn sie das tun, haben sie also die ursprünglichen Stoffe nicht verändert, manipuliert und womöglich verfälscht, sondern sie haben auf diejenige Weise der Aussage zurückgegriffen, die solchen Stoffen allein gemäß ist: auf die Stilform des *Bekenntnisses,* auf die Aussage von Überwältigten, auf die Überraschungsrufe solcher, die Jesus Christus auf ihrer Flucht in die Fremde eingeholt, denen er den Weg abgeschnitten und die er heimgeführt hat in einen Frieden, von dem sie vorher keine Ahnung hatten.

Welcher Trost ist es, daß es Einbrüche und Ereignisse von einer Größe gibt, die jede Möglichkeit objektiver Aussage über den Haufen rennt, die man nur als Betroffener, die man nur in der Fassungslosigkeit des Freigesprochenen aussagen kann. Und wie großartig, daß es Dinge gibt, die uns keine intellektuelle Neugierde erschließt, die den »Weisen« und »Klugen« verborgen bleiben und die nur zu haben sind für den, der sich engagiert, der sich darauf einläßt und der — nachfolgt.
Wer hier ruft, das erfahre ich nur, wenn ich dem Ruf folge, wenn ich meine Lenden umgürte und den neuen Weg betrete. Wer Jesus Christus ist, das erfahre ich nur als Jünger. Dann aber kann ich auch nur wie ein Jünger *reden.* Dann kann ich nicht anders, als seinen Advent zu bezeugen, weil es ja »mein« Herr ist, dem ich entgegengehe und für den ich die Tür hoch und die Tore weit mache.

b) Verwunderung über einen Wunderbericht

LESUNG: Matthäus 14, 22-33

Jesus trieb die Jünger, das Boot zu besteigen und ihm schon voraus an das andere Ufer zu fahren. Währenddem wollte er selbst die vielen Leute entlassen, die sich um ihn gesammelt hatten. Als das geschehen war, stieg er auf einen Berg, ganz allein, um dort zu beten. Als nun der Abend sich senkte, war er immer noch allein dort. Das Boot hatte sich indessen schon viele Stadien vom Ufer entfernt. Es wurde von den Wellen bedrängt, und der Sturm blies ihm entgegen. In der vierten Nachtwache aber kam er zu ihnen; über den See hinweg kam er. Als die Jünger ihn so auf dem See wandeln sahen, waren sie erschüttert und bestürzt. Sie riefen: »Das ist ein Gespenst, das ist ein Wahngebilde!« und schrien vor Angst. Sogleich aber sprach Jesus zu ihnen und sagte: »Kopf hoch, ich bin es doch — seid doch nicht gleich so bange!« Da erwiderte ihm Petrus: »Ja, Herr, wenn du's bist, dann befiehl mir, daß ich zu dir komme — über das Wasser!« Er aber sagte: »Gut, komm!« Und tatsächlich: Petrus kletterte aus dem Boot, wandelte über das Wasser und kam bis an Jesus heran. Da sah er plötzlich die Gewalt des Sturmes, Angst fiel ihn an, er begann zu sinken und rief laut: »Herr, Hilfe!« Sofort reckte Jesus seine Hand aus, ergriff ihn und sagte: »Du Glaubenskümmerling, warum ließest du den Zweifel so Herr über dich werden?« Als sie dann in das Boot gestiegen waren, legte sich der Wind. Die Leute im Boot aber fielen vor ihm nieder und brachen in die Worte aus: »Wahrhaftig, du bist Gottes Sohn.«

TEXT: Matthäus 8, 18-27

Als Jesus eine Menge von Menschen um sich versammelt sah, gab er Befehl, an das andere Ufer zu fahren. Da trat ein Schriftgelehrter auf ihn zu. »Meister«, sagte er ihm, »ich

möchte dir folgen, wo immer du hingehst.« Doch Jesus erwiderte: »Die Füchse haben Gruben, und die Vögel des Himmels haben ihre Nester. Der Menschensohn aber hat keinen Ort, wo er sein Haupt niederlegt.«
Danach sagte einer aus dem Jüngerkreis zu ihm: »Zuerst gewähre mir bitte Urlaub, damit ich meinen Vater unter die Erde bringen kann!« Doch Jesus gab ihm zurück: »Folge mir — und laß die Toten ihre Toten begraben!«
Nun bestieg er das Boot und seine Jünger hinterdrein: Sie folgten ihm. Und jetzt — jetzt brach auf dem See ein Unwetter, ja ein wahres Weltbeben los, so daß die Brecher nur so über das Deck fegten. Er aber schlummerte. Da rannten sie zu ihm, rissen ihn aus dem Schlaf und riefen: »Herr, rette uns, wir gehen unter!« Er aber sagte: »Warum seid ihr so feige, warum ist euer Glaube so kümmerlich?« Dann erhob er sich und gebot drohend den Winden und der See. Da brach eine große Stille aus. Die Menschen aber waren erschüttert und nachdenklich geworden.
»Was soll man nur von diesem da halten?« fragten sie sich. »Was soll man von jemandem halten, dem Sturm und See gefügig sind?«

In der vorigen Rede haben wir uns mit der Frage beschäftigt: »Wie verläßlich sind die biblischen Jesusberichte?« Dabei stellten wir fest: Man kommt hier mit den üblichen Maßstäben, die man an die Objektivität einer Berichterstattung legt, schlechterdings nicht durch. Denn die Zeugen, die hier berichten, stehen ihrem Gegenstand ja nicht in historischer Distanz gegenüber, sondern sie sind in ihn »verwickelt« und aufs tiefste betroffen. Sie berichten nicht über ein Gewesenes, über ein Einst, sondern sie sprechen von einem Herrn, dessen Gegenwart sie umgibt. In Erlebnissen, die ihre Ausdruckskraft förmlich übersteigen, ist ihnen die Gewißheit zuteil geworden, daß dieses *eine* Leben nicht wie das von uns andern Menschen im Tode geendet hat, daß nicht nur wehmütiges Erinnern an ein

groß gelebtes Leben bleibt, sondern daß er noch mitten unter ihnen ist, daß ihr Herz brennt und daß er bei ihnen bleibt alle Tage bis an der Welt Ende.
Diese nachträgliche Erfahrung kann man selbstverständlich nicht einfach unterdrücken und ignorieren, wenn man rückblickend von den Dingen erzählt, die während seines Erdenlebens passiert sind. Wenn die Evangelisten darstellen, was Christus getan, was er an Worten gesprochen und wie er sich in kritischen Situationen verhalten hat, dann tun sie das wirklich und wörtlich »im Rückblick«, dann tun sie das als solche, denen es inzwischen wie Schuppen von den Augen gefallen ist, und die jetzt unvergleichlich *mehr* von ihm wissen als damals, wo sie »dabei« waren und konsterniert und ziemlich verständnislos seine Worte und Taten zur Kenntnis nahmen.
Indem sie jetzt aus der Erinnerung oder nach Zeugenberichten all das noch einmal an sich vorüberziehen lassen, stellt sich sozusagen ein »Aha«-Effekt ein: Aha — *das* war es also, was er meinte, wenn er sagte: »Des Menschen Sohn ist gekommen, selig zu machen, was verloren ist.« Damals haben wir das nicht begriffen, aber nun wissen wir, daß er wirklich die Wende unseres Lebens bringt und uns unserer Verlorenheit entreißt. Aha — *das* war es also, was er meinte, wenn er die Blinden sehend machte und die Ketten der Gebundenen zerbrach. Er wollte uns nicht wie ein Magier durch alle möglichen Mirakel schockieren, so daß er mit uns machen konnte, was er wollte (o wir Narren, daß wir damals so etwas meinen konnten!), sondern er gab sich darin kund als der, dem auch die Schöpfung anvertraut ist und der das Verfahrene und Entgleiste in ihr wieder in Ordnung bringt, der auch das Seufzen der Kreatur zu stillen vermag.
So können sie das Vergangene und einst Geschehene gar nicht mehr berichten, ohne es ständig durch den Erfahrungsschatz zu kommentieren, über den sie *jetzt* verfügen, wo sie eben ihrem lebendigen Herrn begegnet sind. Wie auf den Ikonen der Ostkirche können sie diese Gestalt jetzt

nur noch so porträtieren, daß der Goldgrund zum Leuchten kommt, der ihnen inzwischen aufgegangen ist. *Deshalb* also verhalten sie sich nicht wie die Angestellten eines Archivs, die mit historischen Dokumenten hantieren, sondern sie sind Zeugen eines schicksalhaften Geschehens, das ihr Leben aus den Angeln gehoben hat. Darum ist das Bezeugte niemals ablösbar von ihnen selbst und von dem Reim, den sie sich darauf machen. Der Zeuge redet immer auch von sich selbst und von dem, was ihm begegnet ist. Er redet sehr persönlich, und man sollte das nicht durch den Begriff »subjektiv« verballhornen.

Jetzt möchte ich das alles einmal an einer *Wundergeschichte* verdeutlichen, und zwar an dem Bericht über die Sturmstillung:
Vergleicht man dabei, wie die drei Synoptiker dieses Ereignis berichten, dann sehen wir, daß die Grundlinien des Geschehens, von Nuancen abgesehen, bei allen gleich sind. Auch die Pointe der Geschichte wird jeweils in einer ähnlichen Richtung gesucht: Der, dessen Niedrigkeit so erschütternd ist, daß er unbehauster, heimatloser ist als die Füchse und die Vögel, läßt doch seinen majestätischen Rang hie und da aus allen Verhüllungen hervorblitzen — wie bei einem verkleideten König, unter dessen Bettlergewand der Purpur schimmert. Hier leuchtet etwas von dem auf, den aller Weltkreis nicht beschloß und dessen Wort darum auch über die Elemente des Weltkreises gebietet.
Und doch weicht gerade Matthäus von einer sozusagen photographisch getreuen Darstellung ab; er läßt seine *eigene* Begegnung und seine *eigene* Auseinandersetzung mit diesem Geschehen deutlich werden und in den Bericht selber einstrahlen. Gerade auf dieses Eigene, auf dieses Überschießende, das eben *mehr* bringt als ein bloß objektives Referat, wollten wir ja achten.

Daß Matthäus hier nicht bloß »objektiv« ist, sondern daß er — indem er berichtet — zugleich etwas »bezeugt« und im Bezeugen dann deutet, das ist nicht ein Zeichen von Unfähigkeit, kein Zeichen dafür also, daß er nicht imstande wäre, klipp und klar eine Ereignisfolge zu reproduzieren, sondern das liegt an der *Sache*, um die es hier geht. Man kann über den, der Sturm und Wellen gebietet, nicht so berichten, wie man einen meteorologischen Report über Windstärke und Seegang erstattet. Wenn man vom *Herrn* der Elemente spricht, begibt man sich in eine andere Dimension, als wenn nur von den *Elementen* die Rede ist.

Worin besteht denn nun diese spezielle Handschrift des Matthäus? Worin liegt das, was er an eigenem Zeugnis in diesen Bericht hat eingehen lassen? Ich will diese seine besonderen Konturen einmal in einigen wenigen Strichen charakterisieren:

Zunächst hat Matthäus die Geschichte von der Sturmstillung in einen anderen *Zusammenhang* hineinkomponiert als die beiden andern Evangelisten. Damit man sieht, was das bedeutet, muß ich eine etwas schulmeisterliche Bemerkung machen. Alle Fachleute, die sich wissenschaftlich mit den neutestamentlichen Texten befassen, sind in einem Punkt einer Meinung: daß nämlich die ursprünglichste Schicht der Überlieferung immer bei den einzelnen Worten und Taten Jesu zu suchen ist, während der Rahmen, der kompositorische Zusammenhang, in den man diese Worte und Taten eingefügt hat, erst später hinzugekommen ist und auf die Redakteure zurückgeht. Darum kann man gerade an dem Zusammenhang, in den man ein Wort Jesu hineinkomponiert hat, besonders deutlich erkennen, was sich der Berichterstatter dabei gedacht und welchen Reim er sich auf dieses Wort gemacht hat.

Tatsächlich hat Matthäus nun diese Geschichte von der Sturmstillung in einen anderen Rahmen eingebaut und durch ganz neue Zusammenhänge beleuchtet: Während sie bei den beiden andern Evangelisten auf die Perlenschnur sonstiger Wundertaten Jesu aufgezogen ist, hat Matthäus seine Erzählung in den thematischen Rahmen der *Nachfolge* eingefügt und hat sie dann im Lichte dieses besonderen Themas beim Erzählen zugleich interpretiert. Unser Textabschnitt wird ja mit zwei anekdotischen Rahmenberichten eingeleitet, in denen jeweils ein Schlaglicht auf diese Frage fällt: auf die Frage nämlich, was es heiße, diesem Jesus von Nazareth sein Leben anzuvertrauen und ihm nachzufolgen.

Der Schriftgelehrte, von dem da erzählt wird, ist offenbar auf irgendeine uns nicht genauer erkennbare Weise von Jesus fasziniert und bietet ihm seine Gefolgschaft an: »Ich will dir folgen, wo immer du hingehst.« Doch er erhält eine Abfuhr, die man etwa so umschreiben könnte: »Du suchst vielleicht eine menschliche, allzumenschliche Geborgenheit bei mir. Bist du dir klar, daß du bei mir aus deiner bürgerlichen Sekurität gerade herausgerissen und in das Unbehauste verstoßen werden könntest, daß du durch deinen Kontakt mit mir in Unannehmlichkeiten kommen könntest mit deiner Behörde, mit dem Regime, mit der öffentlichen Meinung, ja, daß deine eigene Familie und deine Freunde befremdet sein könnten und daß es zu allerhand Krisen in deinem Leben käme — wo es *dir* doch darum geht, daß du einen christlich soliden Status bekommst? Die Füchse haben Gruben — ich nicht. Die Vögel haben Nester — auch diese Art Nestwärme kann ich dir nicht bieten. Du wirst von mir in Abenteuer des Glaubens entboten werden, von denen du keine Ahnung hast. Darum ist Vorsicht am Platze. Überlege es dir lieber noch einmal.«

Der andere, ein Jünger, möchte sich ebenfalls an ihn anschließen. Doch er will vorher seinen Vater begraben; ein sehr verständliches und ein sehr menschliches Motiv für eine kleine Abschweifung ins Private. Die Zurechtweisung, die er daraufhin erhält, ist ebenfalls ziemlich brüsk und paßt sehr wenig zu dem Thorwaldsen-Image, das sich von diesem Nazarener in unserer Phantasie gebildet haben mag: »Laßt die Toten ihre Toten begraben«, antwortet er. *»Ich* habe dich zum Thema des *Lebens* gerufen. Sentimentalität gegenüber dem vergehenden Äon kann ich nicht bei meinen Leuten gebrauchen. Du mußt deine Wurzeln schon aus allem ausgraben, was für dich Mutterboden war und woraus du bisher deine Kraft sogst. Folge mir sofort, entschlossen und ganz nach — oder laß es überhaupt.«

Dann trat er in das Schiff, »und seine Jünger folgten ihm«. Sie »folgten« ihm also in das Abenteuer, das nun berichtet wird. Damit ist zugleich das entscheidende Stichwort gefallen: es geht jetzt um das Thema der Nachfolge. Der Zusammenhang, in den diese Geschichte hineinkomponiert ist, läßt so etwas wie einen Fluchtpunkt der Perspektive entstehen: Unser Blick wird in Richtung auf dieses eine Thema gerissen, auf die Frage also, was es heißt, sich inmitten der Ungeborgenheit der entfesselten Elemente, in der Unbehaustheit auf dem Wasser und im Abgeschnittensein von allem, was unser Leben sonst trägt und begründet, sich diesem Herrn anzuvertrauen und eine Art von Geborgenheit bei ihm zu finden, von der man sich nichts träumen ließ.
Damit hat Matthäus das bezeichnet, was für ihn die Achse des nun folgenden Geschehens ist. Das auszusprechen, ist sozusagen sein Beitrag, oder besser: sein Bekenntnis. Es ist die Umschreibung dessen, wie er, Matthäus, auf diese Ereignisse auf dem See reagiert und wie er sie dem Verständnis seines Glaubens eingefügt hat. Indem er die Sturmstillung berichtet, gibt er gleichzeitig zu erkennen: *Ich* kann sie nur im Zusammenhang mit dem sehen, was ich sonst von diesem Jesus weiß und was mir vor allem nach seinem Tode an ihm aufgegangen ist. Und so ist sie für mich nichts anderes als *eine Auslegung und Illustration dessen, was es heißt, mit allem, was man ist und hat, und egal, in welcher Grenzsituation man ist, sich ihm anzuvertrauen.*

Das also ist die charakteristische Nuance, die Matthäus seinem Bericht gibt. Was er hier bekennend ausspricht, indem er eine Geschichte erzählt, läßt sich vielleicht so formulieren: Ich bin ein Jünger dieses Herrn geworden. Deshalb kann ich das, was ich mit ihm erlebt habe und was mir andere berichten, nur im Licht dessen sehen, was mir an seiner Gestalt *überhaupt* aufgegangen ist. Denn indem ich ihm nachfolgte und indem ich auch jetzt noch, wo sein irdisches Leben schon lange beendet ist, seine lebendige Nähe, seine Gegenwart erfahre, ist mir Entscheidendes aufgegangen: Er hat meine Sorgen verwandelt und sie zum Material eines ganz neuen, wunderbar befreienden Vertrauens gemacht. Er hat mir in Not und Verfolgung, auf dem Wasser und in der Einöde Geborgenheit geschenkt, hat mich der Vergebung alles Unbewältigten in meinem Leben gewiß werden lassen, läßt mich getrost dem Weltgericht entgegengehen, weil er mich auch da nicht verlassen wird. Und das, was ich so *bei* ihm und *durch* ihn erfuhr, das zeigt sich in der Rückschau auf sein Leben nun durch alles hindurch, was er gesprochen und getan hat; und selbst in den Kranz der Legenden ist das noch eingeflochten. Deshalb will ich euch, meinen Lesern, zeigen, wie die Pointe dieses Lebens sich auch in *dieser* Geschichte verrät und wie euch hier wie in einem Bilderbuch vor Augen gemalt wird, was es heißt, durch diesen Herrn der Todeswelt entrissen zu sein und mitten im Toben der Elemente in seinem Frieden zu leben.

Unsere Aufgabe ist es also, jetzt einmal herauszubekommen, wie Matthäus dieses sein Thema der Nachfolge in die Sturmstillungsgeschichte hineingearbeitet und sie mit seinem Bekenntnis zu Jesus Christus verbunden hat — *so* sehr verbunden, daß diese Erzählung selber zu einem Bekenntnis wird. Hier können wir genau und bis in alle Verästelungen hinein erkennen, wie so ein Evangelist erzählt und wie er gleichzeitig das Erzählte verarbeitet, deutet, sich aneignet und unter der Hand zu einem Lobpreis dessen werden läßt, der sich auch in diesem Ereignis als Herr bewährt und den staunenden Gefährten seine Herrlichkeit enthüllt hat.

Was »Nachfolge« heißt, das wird schon in der Art deutlich, wie die Jünger nach ihm rufen, als die Brecher über Bord fegen und eine Schiffskatastrophe unvermeidlich erscheint. Von der Angst gepeinigt, daß nun das Ende da sei, und vielleicht auch vom Elend der Seekrankheit angefallen, schreien sie nach ihm: »Herr, hilf uns, wir verderben!« Das ist die erste charakteristische Nuance, die den Bericht des Matthäus von dem der andern Evangelisten unterscheidet. Denn bei *Markus* heißt es — ähnlich wie bei Lukas — ganz »profan«: »Meister (Chef!), ist es dir denn ganz egal, daß wir hier vor die Hunde gehen?« Das ist ein ganz unerbaulicher, sehr kreatürlicher Hilferuf, wie ihn hilflose Leute in einer vertrackten Situation an jemanden richten, der für sie Autorität ist und dem man zutraut, daß er Rat und Ausweg weiß. Bei Matthäus aber wird aus diesem Anruf ein *Gebet.* Sie sagen »Herr« zu ihm und sprechen ihm so ein göttliches Hoheitsprädikat zu. Denn so wird bei Matthäus auch der kommende Weltenrichter angeredet. Mit diesem Wort rufen auch die Bedrängten nach ihm, die ihm Vollmacht zutrauen und davon wissen, daß er ihre Fesseln lösen und sie aus dunklen Bindungen befreien kann. Auch die Jünger sprechen ihn immer wieder so an, wenn ihnen seine heimliche Herrlichkeit aufgegangen ist. »Herr, hilf uns«, das ist mehr als ein bloßer Hilferuf an Unbekannt oder als das Ratsuchen bei einer Autorität. Es ist zugleich das Bekenntnis: Du bist dem Zugriff der Elemente entrückt; du — »der Schöpfer aller Dinge«, wie wir im Weihnachtsliede singen — kannst von den Dingen nicht überwältigt werden, und diese Wellen sind doch auch nur Dinge. Also hilf uns, wir haben Angst. Wir sehen, daß der Abgrund nach uns greift. So hat Matthäus in diese Anrede der Jünger schon die Erfahrung hineingelegt, die er in seinem eigenen Leben als *Nachfolger* dieses Jesus gemacht hatte. *Er* war der Herr dieses seines Lebens geworden. Matthäus hatte gelernt, sich ihm anzuvertrauen, und er war beschämt und in seinem Glauben gestärkt aus allen Krisenerfahrungen hervorgegangen.

Das Bekenntnis des Matthäus — dieses Bekenntnis in Gestalt einer Erzählung! — drängt aber an einem andern Punkt noch markanter, noch demonstrativer hervor:
Matthäus hat nämlich innerhalb dieses Wunderberichtes, wie er in der Tradition vorgegeben war und wie er auch bei Markus und Lukas übernommen wurde, eine Umgruppierung des Geschehensablaufs vorgenommen. Diese Umstellung, die an den Fakten selbst nichts ändert, hat nur den Charakter einer Nuance, mehr nicht, und sie ist so sublim, so fast unmerklich, daß erst der scharfe und kritische Blick heutiger Forschung diese gleichsam mikroskopische Verschiebung bemerkt hat.
Denn nach der Überlieferung, die Matthäus vorfindet, ist es so, daß Christus auf den Hilferuf der Jünger hin den Sturm bedroht und den entfesselten Wogen gebietet: »Schweig und verstumme!« Und inmitten der Stille, die genau dort mächtig wird, wo eben noch das Entfesselte tobte und das Trommelfell bersten ließ, sagt er zu den überwältigten Gefährten: »Wie seid ihr so furchtsam? Warum habt ihr denn kein Vertrauen?«
Bei Matthäus nun wird diese traditionelle Abfolge von Tat und Wort des Herrn umgekehrt: *Ehe* er zu den Elementen spricht, redet er zu den Menschen. *Während* seine Gefährten noch tödlich bedroht sind, *während* die See noch kocht und der Orkan die Segel zerfetzt und *ehe* er also sein Machtwort spricht, redet er zu ihnen vom Glauben: »Ihr Kleingläubigen, warum seid ihr so feige?« — »Habt ihr denn vergessen, wer ich bin? Rechnet ihr nicht mit mir und berechnet statt dessen Windstärke und Höhe des Wellengangs? Wer auf die Elemente blickt statt auf mich, wird wirklich von den Elementen überwältigt.«

In der Tat: Als Petrus in einer Anwandlung von tollkühnem Glauben über das Meer gehen wollte und in der umgekehrten Anwandlung von Furcht nun auf das Wasser statt auf seinen Herrn blickte, versank er. Darum muß es gerade *in* den kritischen Augenblicken selbst, muß es *in* der

Bedrohung durch eine tödliche Krankheit, *im* Luftschutzkeller, *in* dem sich langsam zusammenziehenden Netz von Intrigen, die Menschen gegen uns spinnen, zur Klarheit darüber kommen, wem wir die Macht zutrauen, daß er über uns verfügen darf: dem Krebs, den Bomben, den Intriganten — *oder* dem Herrn über Leben und Tod, über die Seelen und über die Leiber, der seine höheren Gedanken über uns denkt und die menschlichen Gedanken lenkt wie Wasserbäche.

Wer dem Herrn statt dessen entgegenhält: Erst tu ein Wunder, dann will ich dir vertrauen; erst legitimiere dich, dann will ich meine Karte auf dich setzen — der wird weder das Wunder erleben noch den Lohn des Glaubens empfangen. Alle, die Gott erlebt haben, bezeugen in überwältigender Einmütigkeit: Wir glauben nicht deshalb, »weil ...«, »weil« es sich lohnt und »weil« wir handfeste Beweise für Gottes Eingriffe sehen, so daß wir keine Katze im Sack kaufen, wenn wir glauben. Sondern alle stimmen das Bekenntnis ihres Glaubens auf den Ton: »Dennoch bleibe ich stets an dir« — *obwohl* wir nur blindwütige Elemente sehen, *obwohl* die Macht der Finsternis das letzte Wort zu haben scheint und der Übermut der Menschen triumphiert. Darum können wir nur *inmitten* der Bedrohung bekennen und zu erkennen geben, wer oder was Gott für uns ist: ob wir ihm zutrauen, daß auch die Dunkelheiten nur ein Teil seiner höheren Gedanken sind, und daß es nur eines einzigen Wortes bedarf, um die Gespenster zu verscheuchen.

So bringt Matthäus hier durch seine charakteristische Umstellung das Thema des *Glaubens* zur Sprache. Und er macht das so, daß dieser Glaube nicht mit dem Schauen verwechselt werden kann, sondern daß er den Jüngern schon abgefordert wird, als sie nichts sehen als Schaum, Gischt und Finsternis, als sie nichts fühlen als den Druck der umwerfenden Böen und das Klatschen der Brecher, und als sie nichts hören als das Heulen des Sturms *und* —das hören sie nun *auch* und inmitten dieses Hexenkessels! — das Wort des Herrn: »O ihr Kleingläubigen, o ihr Feigen!« Dann erst, nachdem er so zu den *Menschen* gesprochen hat, redet er auch zu den *Elementen* und bedroht sie. »Da ward es sehr still.« Das Wunder der Herrschaft über die Elemente *begründet* also nicht den Glauben, sondern es ist nur dessen gleichsam nachträgliche *Demonstration.* Es ist das Bilderbuch zu dem Text, den er vorher in Gestalt seiner Worte gesprochen hatte: jener Worte, durch die er den Kleinglauben seiner Gefährten gescholten und damit zugleich auf sich verwiesen hatte.

Es ist ganz ähnlich wie bei der Geschichte vom Gichtbrüchigen (Mark. 2,1 ff.). Auch da kam es zuerst zu einem Gespräch über den Glauben. Denn Jesus sagte am Beginn zu dem Gichtbrüchigen: »Dir sind deine Sünden vergeben.« Was war das denn anderes als ein Appell an den Glauben?! Er erwartete doch, daß man ihm die Vollmacht zutraute, ein solches Wort zu sprechen, und daß man ihm so einen Rang zumaß, der ihn über alle menschlichen Grenzen hinaushob. Und erst als dieser Text gesprochen *war,* als er dem Glauben zugemutet *hatte,* daß er Ketten lautlos zerbrochen habe, schlug er auch hier das Bilderbuch der Demonstration auf und sagte zu dem Gichtbrüchigen: »Auf daß ihr wisset, daß des Menschen Sohn Macht habe, Sünden zu vergeben, sage ich dir: ›Stehe auf, nimm dein Bett und gehe los!‹«
Genauso könnte es auch in der Matthäus-Version der Sturmstillungsgeschichte weitergehen: »Auf daß ihr ›seht‹, was ich euch vorher zu ›glauben‹ aufgegeben habe (daß ich nämlich nicht aus der Tiefe komme und darum die Mächte der Tiefe auch mich und die Meinigen nicht verschlingen dürfen), sei nun den Elementen Ruhe geboten.«

Hier kann man an einer außerordentlichen Präzision der Aussage erkennen, wie sich in einem Evangelium die deutende, die bekennende Form der Geschichtsschreibung vollzieht (und unter diesem Gesichtspunkt wollten wir ja diese Sturmstillungsgeschichte einmal betrachten). Denn indem Matthäus diese Wundergeschichte erzählt, hat er zugleich einen wichtigen Akt der Redaktion vollzogen. Er hat nämlich die Reihenfolge von Wunder und Wort umgekehrt: An die erste Stelle rückt jetzt das Wort an die Gefährten, ein Wort, das sie zum glaubenden Aufblick auf ihn, den Herrn, aufruft. Das Wunder erhält so eine veränderte Funktion. Es ist nicht mehr die Ermöglichung und Voraussetzung des Glaubens, sondern es bekommt die Aufgabe, diesen Glauben nun nachträglich zu bestätigen, zu illustrieren und wie im Bilde zum Ausdruck zu bringen. Aber das, was sein Wort gesagt hatte, wenn es so indirekt und verschlüsselt auf ihn als den Herrn hinzeigte, das bliebe auch dann in Kraft, wenn diese Demonstration seiner Gewalt über Wind und Wellen ausgeblieben wäre und wenn die Jünger den schlafenden Jesus mitten durch die weiterrasenden Elemente — von Angst gepeinigt und doch wunderbar getröstet, weil er unter ihnen war — zum andern Ufer gefahren hätten. *Das* will doch Matthäus sagen, das will er *wirklich* sagen.

Damit hat er in die Tradition dieser Wundergeschichte mit einem revolutionären Bekenntnis eingegriffen. Denn indem er die Einzelzüge des tradierten Berichtes treu bewahrte, *hat er durch diese Umstellung von Wunder und Wort, durch diese Umstellung der Rede an die Elemente und an die Gefährten, das Wunder selbst relativiert;* er hat es in einen sekundären Rang verwiesen. Die Achse dieser Geschichte, so wie Matthäus sie erzählt, ist ja nun nicht mehr das Wunder selbst, sondern das Wort über Glauben und Kleinglauben, ist sein strafender und zugleich unendlich tröstender Hinweis, wie inkonsequent es doch sei, ihn »Herr« zu nennen, ihn durch ein göttliches Prädikat zu ehren, ihn auf dem Schifflein zu wissen und dennoch und gleichzeitig vor der Macht der nur scheinbar entfesselten Elemente zu zittern. Das Wunder selbst ist dann nur wie ein Nachklang, wie eine Art Demonstration post festum, die den Glauben nicht mehr begründet, sondern die ihn nur noch gewisser macht und ihn in der Sprache des Bildes noch einmal und wieder anders auf den verweist, dem er schon *vorher* zugewendet war. *Das Wunder setzt jetzt nur noch einen Akzent auf einen Text, den der Glaube schon vorher zu buchstabieren gelernt hat:* »Was ist das für ein Mann, daß Wind und Meer ihm gehorsam sind?«

Damit stehen wir nun am Herzpunkt unseres Problems, das wir immer wieder umkreisten. Hat Matthäus nun dadurch, daß er nicht tonbandgetreu den überlieferten Bericht weitergab, sondern daß er ihn sozusagen theologisch verarbeitete, daß er sein Verständnis des Wunders und seines Ranges in ihn hineinlegte — ich frage: hat er dadurch diesen Bericht verfälscht, und müssen wir also, um die Wahrheit zu finden, hinter ihn zurück, um die Spuren der ursprünglichen Tradition zu sichern?
Diese Frage ist wirklich der springende Punkt, wenn wir die Tragfähigkeit solcher Formen des Berichtes beurteilen wollen.

Nun, von »Verfälschung« dürfte man doch offenbar nur dann sprechen, wenn Matthäus ein willkürliches und subjektives Element in den Text eingetragen hätte. Hat er das aber getan? Er tut in Wahrheit doch gar nichts anderes, als die Gesamtheit seines Wissens um Jesus Christus, den Gekreuzigten, Auferstandenen und Erhöhten, in den Einzelzügen seiner Geschichten wie in Mikrokosmen vergegenwärtigt zu sehen. So hat er es auch bei der Sturmstillungsgeschichte gemacht. Denn die Relativierung des Wunders, die er hier auf so sublime Weise und voll zarter Schonung aller Einzelzüge vollzieht, ist ja *überall* und in *allen* Evangelien erkennbar. Jesus Christus hat sie selber fortgesetzt vollzogen: Immer, wenn die Menschen Zeichen und Wunder forderten, hat er sich verweigert und die zeichensüchtige Art verurteilt. Nie hat er irgendwo ein

Wunder getan, um den Menschen das Glauben leichter zu machen oder es gar durch den Augenschein, durch ein »Schauen« zu ersetzen. Er wußte, daß ein am Galgen hängender Gottessohn nichts Göttliches zu verkaufen hat und nichts Sehbares zur Verfügung stellt. Wer sich nur durch Mirakel, nur durch die »Show« hätte beeindrucken lassen, wäre spätestens an der Jammergestalt auf Golgatha irre geworden. Denn einen ungöttlicheren Anblick kann so leicht niemand bieten.

Und was sollten wir armen Nachgeborenen des 20. Jahrhunderts machen, wenn wir in alten Büchern lesen, damals habe ein Mann aus Nazareth durch seine Wunder von sich reden gemacht und man habe ihn deshalb für den Heiland und für Gottes Sohn gehalten? Könnte uns das einen Deut helfen? Könnte uns das heute im geringsten beeindrucken, wenn wir lesen, daß damals jemand solche Wunder getan habe? »Ein anderes ist es, selber Wunder zu erleben, und ein anderes, nur zu hören, daß andere sie wollen erlebt haben«, könnte man nur seufzend mit Lessing ausrufen.

Nein, unser Glaube lebt nicht von den Berichten der Wunder. Wir leben vom *Wort* des Herrn, wir leben von dem, der er selber *war* und *ist* und immer *sein* wird. Wir glauben auch nicht »an die Auferstehung« (weil wir etwa einen Wunderbericht über die Ereignisse am dritten Tag nach seinem Tod hätten), sondern wir glauben an den Auferstandenen, der uns in der Gesamtheit dessen, was er sagt und tut, überzeugt und der uns das Wunder am dritten Tag dann als ein Geschehen erkennbar macht, dem alles in diesem Leben zudrängt. Wir glauben nicht an Wunder, die uns Christus als unsern Herrn *erweisen*, sondern wir glauben an den *Herrn*, der Wunder tut, der unser Leben zu wenden vermag, der uns alle Dinge neu sehen läßt und der auch heute mit seinen Wundern, seiner Behütung und seinen unbegreiflichen Führungen zur Stelle und an unserer Seite ist.

So hat also Matthäus, wenn er jenen redigierenden Eingriff in die Geschichte vornahm, nichts Willkürliches hinzugetan, sondern er hat nur den kleinen Strahl der Herrlichkeit Jesu, wie er in dieser Sturmstillungsgeschichte aufglänzt, in Beziehung zur Sonne selbst gesetzt, zu jener Sonne, von der alle Strahlen ausgehen, die sich im Prisma der Evangelien dann so hundertfältig brechen. Er hat den Herrn, der auch im Mittelpunkt *dieser* Geschichte steht, durch perspektivische Vergrößerung den sein lassen, der aus allen natürlichen Proportionen herausfällt und der als das eigentliche Thema auch das Wunder selbst überragt. So arbeitet Matthäus (wenn man so will: »surrealistisch«) die Gesamtlinie des Neuen Testamentes in diesen Detailbericht hinein. Wie könnte es auch anders sein, wenn einem einmal klar geworden ist, daß Jesus Christus selbst im Fluchtpunkt aller Perspektiven steht; daß schlechthin alles auf ihn hin transparent wird: das Weihnachtsgeschehen sowohl wie Karfreitag und Ostern und schließlich die Wiederkunft am Jüngsten Tage.

Hat man diese Technik des Erzählens (sie ist freilich viel mehr als bloße Technik!) einmal durchschaut, so werden ihre Spuren noch an andern Punkten unserer Geschichte erkennbar. Überall wird das vordergründige Geschehen, das man erzählen kann und das sich in die Bildschicht unserer Phantasie eindrückt, durchsichtig gemacht für einen geheimen Hintergrund, so daß unsere Geschichte voll symbolischer Hinweise ist. Schon der Ausdruck, den Matthäus für das Unwetter gebraucht, für das große Ungestüm im Meer (wie Luther übersetzt), ist hierfür charakteristisch. Die andern Evangelisten benutzen statt dessen meteorologische Fachausdrücke, Bezeichnungen des Seewetteramtes sozusagen. Matthäus aber benutzt den Begriff »Seismós«, der zwar auch so etwas wie Ungestüm und Rütteln an den Grundfesten bedeutet, als Bezeichnung für ein Geschehen, das aus dem Rahmen der üblichen Naturvorgänge sehr betont herausfällt. In der Regel verwendet

das Neue Testament diesen Begriff nur, wenn er symbolisch gemeint ist und apokalyptische Schrecknisse bezeichnen soll. Er umschreibt, daß die Welt aus den Fugen ist, daß die Dämonen losgelassen werden, daß der Antichrist das Heft in die Hand nimmt, daß Heimsuchungen und Verfolgungen über uns hereinbrechen.
Matthäus hat diesen so vielfach schillernden und hintergründigen Begriff »Weltbeben« gewiß absichtlich gewählt. Auch hier hat er nicht nur einfach erzählt, sondern im Erzählen zugleich interpretiert: Wir sollen das alles mithören, was in diesem Begriff an Bedeutungsgehalten mitschwingt. Was die Leute hier auf dem bedrohten Schiff erleben, ist ein Sinnbild für die Bedrängnisse der Jüngerschaft überhaupt. Was hier im Seesturm erlebt wird, das bekommen auch die Landratten fernab von allen Meeresgestaden zu spüren, wenn sie sich mit Jesus Christus einlassen. Die Nonnen in China erleben es, wenn die roten Garden sie foltern, Dietrich Bonhoeffer hat es am Galgen unter den Nazis erfahren, und in den Wehen der Geschichte haben es Heere von Märtyrern durchgemacht. Auch heute wird dasselbe Stück in den ideologischen Diktaturen tausendfältig aufgeführt.

Aber nicht nur das apokalyptische Weltbeben, von dem Matthäus spricht, sprengt die Züge des bloß historischen Berichtes und wird zur gleichnishaften Chiffre für Verfolgungs- und Notzeiten überhaupt, auch das andere gilt: Jesus Christus schläft in diesem Schiff. Er ist machtvoll unter uns, auch wenn er nicht vernehmbar spricht. So sind wir mitten in den Wettern geborgen. Auch hier begegnet er uns nicht in der Etappe des Himmels, allem Erdenleid entrückt und in einem Jenseits, das nichts von unseren Qualen kennt. Nein: Jesus Christus ist immer da, wo *wir* sind, wo die Stürme heulen und die Brecher auf uns niederprasseln. Als Heimatloser kam er auf die Welt und hatte keine Stätte, da er sein Haupt hinlegte. Wer heimatlos ist und verlassen, darf wissen: Dieser ist bei mir; er geht an meiner Seite in den Flüchtlingstrecks und in der Verlassenheit der Großstädte. Wer sterben muß, darf wissen: Auch dieser hat die Wehen des Todes geschmeckt und wollte in den letzten Tiefen mein Bruder sein. Und wer Schiffbruch erleidet, wer hilflos auf dem Wassermeer oder auf dem symbolischen Meer des Lebens treibt (wie die Schiffbrüchigen in Whittakers herrlichem Bericht »Es war, als sängen die Engel«), der darf wissen: er schläft auch in meinem Boot, das wie eine Nußschale dem Spiel der Elemente preisgegeben zu sein scheint. Er schenkt mir Geborgenheit und hüllt mich in seinen Frieden — sei es, daß er den Elementen gebietet, oder sei es, daß er mich in den Wellengräbern empfängt und zu ewiger Freude geleitet. So schrieb es ja Gorch Fock, der Seemann des Ersten Weltkrieges, in einem seiner letzten Briefe: Wenn ihr hören solltet, ich sei gefallen, so weinet nicht! Denkt daran, daß auch der tiefste Ozean, in dem mein Leib sterbend versinkt, nur eine Lache ist in der Hand meines Heilandes.

So wird bei Matthäus das Schiff der Jünger zum ersten Male zu einer gleichnishaften Umschreibung des Schiffleins der Kirche, das auf den Weltmeeren dahintreibt und doch durch die Anwesenheit des Herrn behütet ist. Seit Matthäus diese Geschichte erzählt, seit er sie durchsichtig gemacht und die Herrlichkeit des Herrn hinter ihr hat aufleuchten lassen, ist dieses Bild vom Schifflein der Kirche zu einem Symbol geworden, das sich tief ins Bewußtsein der Christenheit eingegraben hat und die Verfolgten und Gefolterten in den Nächten ihrer Qual und ihrer Verlassenheit getröstet hat. Matthäus hat diesen Goldgrund auf der Ikone des Bildes Jesu aufleuchten lassen.

Sollte er also ein Malskat gewesen sein, der falsche Retuschen vornahm oder erfundene Bilder malte, die er dann als echt und historisch ausgab? Oder hat er seinen Herrn nicht tiefer verstanden als alle Jünger, die in panischer Nervosität über Deck rannten und nach ihm schrien? Wer hat die größere Wahrheit auf seiner Seite? Muß nicht ein bestimmter Reifegrad des Glaubens dahin führen, daß wir die Herrlichkeit des Herrn tatsächlich so sehen, wie Matthäus sie sah, und daß wir dann ganz allein auf ihn und sein Wort geworfen sind?

Niemand kann die Geschichte des Herrn anders sehen als so, daß er seine eigene Geschichte mit ihm schreibt. Das getan zu haben, ist das Geheimnis der Evangelisten.

c) Was ist von den Zukunftsworten der Bibel zu halten?
Vom Ende aller Dinge

LESUNG: Matthäus 10, 16-20.24.25

Siehe, ich sende euch wie Schafe mitten unter die Wölfe. Dann müßt ihr klug sein wie Schlangen und ohne Falsch wie Tauben. Nehmt euch aber in acht vor den Menschen! Denn sie werden euch vor den Kadi bringen, und an den Stätten frommer Lehre werdet ihr mißhandelt werden. Vor hohe Behörden und selbst vor Könige werdet ihr geschleppt werden um meinetwillen — ihnen und den Heiden zum Zeugnis. Wenn sie euch aber so überantworten, dann macht euch keine Gedanken und Sorgen darüber, wie oder was ihr reden sollt. Ist diese Stunde gekommen, dann wird euch das Wort zum Reden gegeben werden. Denn nicht ihr selbst seid es, die mit ihrem Wort auf dem Plan sein müßten, sondern der Geist eures Vaters ist es, der durch euer Wort hindurch spricht.
Der Jünger steht ja nicht über dem Meister und der Knecht nicht über seinem Herrn. Es muß dem Jünger genügen, wenn er so dasteht wie sein Meister, und dem Knecht, wenn er das Schicksal seines Herrn teilt. Hat man den Hausherrn »Beelzebub« und »Höllenbrut« gescholten, wieviel mehr wird man es mit seinen Leuten so machen!

TEXT: Matthäus 24, 1-14

Als Jesus den Tempel verlassen und sich schon weiter hinwegbegeben hatte, traten seine Jünger an ihn heran und wiesen auf den Gebäudekomplex des Heiligtums. Er sagte ihnen daraufhin: »Seht ihr das alles da vor euch? Glaubt mir, ich versichere euch: da ist kein Stein, der auf dem andern bliebe und nicht herausgebrochen würde!«
Auf dem Ölberg setzte er sich dann nieder. Und noch einmal trat sein Jüngerkreis, diesmal ganz unter sich, an ihn heran mit der Frage: »Sage uns doch: wann *wird das alles denn soweit sein? Und an welchen Anzeichen wird man erkennen können, daß deine Wiederkunft bevorsteht und das Ende aller Dinge sich naht?«*
Jesus antwortete ihnen: »Seid auf der Hut, daß euch nicht jemand Sand in die Augen streue. Denn nicht wenige werden kommen, sich auf meinen Namen berufen und versichern: Ich bin der Christus, ich bin der Heilbringer! Und bei vielen werden sie mit solchen Vorspiegelungen auch durchkommen. Es werden Zeiten heraufziehen, in denen ihr die Kriege hört, aber nicht nur die Kriege selbst, sondern auch Flüsterparolen über drohende Kriegsgefahren. Haltet die Augen klar und gebt euch keiner Panik hin! Denn das alles muß so kommen, doch das Ende aller Dinge ist es noch nicht. Es wird sich noch erheben Volk gegen Volk und Reich gegen Reich. Auch Hungersnöte und Erdbeben werden bald hier, bald dort losbrechen. Das alles aber ist erst der Beginn der Wehen. Dann werden sie euch der Schikane überantworten, sie werden euch umbringen, ihr werdet die Bestgehaßten sein, in welchem Volk ihr auch immer lebt — und das alles um meines Namens willen. Dann werden viele aus dieser Falle nicht mehr herausfinden, sich sogar gegenseitig denunzieren und auch untereinander in Haß entbrennen. Wenn das geschieht, werden zugleich falsche Heilsversprecher und Heilsvorspiegler auftauchen und viele werden auf sie hereinfallen.
Nimmt aber so die Gesetzlosigkeit, nimmt das Chaos überhand, dann wird bei der großen Menge die Liebe

abkühlen. Doch wer standhält bis ans Ende, dem wird das Heil zuteil werden. Die fröhliche Nachricht von der Gottesherrschaft aber wird ausgerufen werden über den ganzen Erdkreis zu einem Zeugnis für alle Völker. Und dann wird das Ende kommen.«

In unsern früheren Überlegungen kehrte *ein* Gedanke immer wieder: Die Geschichte Jesu wird nicht als Chronologie und bloß historische Dokumentation beschrieben, sondern die neutestamentlichen Zeugen sehen diese Geschichte von ihrem Ende her, aus der Perspektive des erhöhten Christus, des Todesüberwinders.

So ist es auch hier, wo das Geheimnis der Geschichte selbst enthüllt wird. Das geschieht gleichfalls nicht in der Weise, wie ein Historiker oder ein Geschichtsphilosoph sich Gedanken über das Wesen geschichtlicher Prozesse machen mag; nicht so nämlich, daß er aus der Fülle des historischen Materials die Gesetze des Geschehensablaufs zu erheben sucht und dann sagt: Seht, das sind die Motive des menschlichen Handelns; so spielen sie zusammen und gegeneinander, um schließlich das Gefälle eines geschichtlichen Stromes zustande zu bringen. Nein, auch hier wird das Geheimnis der Geschichte von ihrem Ende, sozusagen vom Tod der Welt und von dem her gesehen, der sich jenseits des Weltengrabes übermächtig erhebt. Ein etwas gewagtes Bild für das, was sich hier vollzieht, mag gestattet sein: Ein Ertrinkender sieht noch einmal alles Erlebte an sich vorüberziehen. Ob er es hier vielleicht sogar in größerer Wahrheit sieht als in dem Augenblick, da er es erlebte?

Das bunte Kaleidoskop der Erinnerungen — wie seine Mutter ihm als Kind den Gute-Nacht-Kuß gab, wie er sein erstes selbstverdientes Geld nach Hause brachte, wie er seine Hochzeit feierte und später vielleicht in Kälte und Sturm durch die russische Steppe marschierte —: all das, was im Augenblick des Erlebens zufällig und undurchschaubar war, ist nun aufgereiht wie an einer Schnur, ist gehalten und ausgerichtet und an seinen Enden aufgehängt. Etwas Ähnliches zeigt auch diese Geschichte: Die Jünger werden wie durch einen Schock vor die Vision des totalen Endes gestellt. Und wie im Traum eines Menschen, der in die Strudel letzter Untergänge hinabgezerrt wird, zieht noch einmal der Film der Weltgeschichte an ihnen vorüber. Und alles wird plötzlich bedeutungsvoll: Kriege und Schrecken, Erdbeben, Terror und Verfolgung gewinnen einen neuen Sinn und werden zu Zeichen und Signalen, die etwas bedeuten. Es ist die Agonie einer zu Ende gehenden Welt, es sind die Geburtswehen eines neuen, noch unvorstellbaren Lebens.

Es lohnt sich, den letzten »Traum« derer, die in das Ende hineingerissen sind, einmal zu bedenken und über die Gesichte nachzusinnen, die ihnen hier im Worte des Herrn zuteil werden.
Es ist ja eigenartig, wie plötzlich bestimmte schicksalhafte Gewißheiten in uns aufzucken können, manchmal bei irgendeiner beiläufigen Bemerkung.
So ist es mir als kleinem Jungen einmal ergangen. Mein innigster Herzenswunsch war ein Leiterwagen. Schließlich bekam ich ihn, und ich dachte, das Übermaß der Freude würde mich zersprengen; ich muß dabei sehr albern und ganz aus dem Häuschen gewesen sein. Als mein Vater ihn dann in mein Elternhaus hineintrug, brach ich in Tränen aus. Mein Vater stellte mich wegen dieser plötzlichen Heulerei zur Rede, warf mir Undankbarkeit vor und erzählte mir später, was ich geantwortet hatte, nämlich dies: »Einmal geht er ja doch kaputt.«
Angesichts einer großen Erfüllung wurde mir jäh die Vergänglichkeit des Schönen klar; ich erfuhr den Schock der Endlichkeit. So hat es Homer von dem noch in vollem Flor stehenden Troja gesungen: »Einst wird kommen der Tag, da das heilige Ilion hinsinkt.«
Ebenso ist es auch hier: Man spaziert am Tempel vorbei,

man kann das monumentale, solide Gemäuer nachher vom Ölberg her noch einmal auf sich wirken lassen. Das alles ist wie ein Symbol des Dauernden, eine Burg, die die Stürme der Zeit übersteht. Alte Weissagungen haben verkündet: Wenn das einmal fällt, kommt das Ende der Welt. Und nun sagt Jesus: Kein Stein wird auf dem andern bleiben. Er sieht bizarre Ruinen und verkohlte Dachbalken, wo sich jetzt ein Nachbild des himmlischen Jerusalem wie eine Festung der Ewigkeit erhebt.

Man wußte natürlich auch vorher schon, daß alles dem Vergehen entgegeneilt: Die Blätter fallen im Herbst ab, die Jugend vergeht, und die gute alte Zeit, die es auch damals schon gab, weicht einer veränderten Welt. Auch wir, die wir nach den Zerstörungen des letzten Krieges in unsere alte Heimat kommen und durch fremd gewordene Straßen gehen, erfahren den Anhauch des großen Vergehens. In Carl Zuckmayers Autobiographie finden sich Verse, die er auf einem andern Kontinent während des Krieges in der Emigration schrieb:

Ich weiß, ich werde alles wiedersehen
und nichts mehr finden, was ich einst verlassen.

Doch die Wellenbewegungen des ewigen Werdens und Vergehens scheinen sich vor einem stabilen Hintergrund zu vollziehen: Diese Mauern werden bestehenbleiben, und die Gesänge des Sabbats (oder auch die sonntags morgens um 10 Uhr!) werden sich immer wiederholen, die Anbetung wird nie aufhören, und die Sicherheit, mit der das Amen in der Kirche folgt, wird so etwas wie ein Maßstab für alle Vorgänge sein, die sich »bombensicher« und mit absoluter Regelmäßigkeit vollziehen. Wenn auch *das* vergehen sollte, in welchen Abgrund stürzten wir dann?

Dem säkularen Menschen können ebenfalls solche Gedanken kommen. Auch er hat das Gefühl: Einiges wird bleiben, das allem Wechsel entrückt ist. Selbst wenn die rote Flut uns überrollte, würde der Bodensee weiter leuchten, würde Bachs h-Moll-Messe irgendwo weiter erklingen, und

Michelangelos himmelstürmende Kuppeln würden weiter ein steinernes Bekenntnis sein. Wenn das alles nuklear zerstört werden sollte, wäre es das schlechthin Unvorstellbare. Welchen Sinn hätte es dann gehabt, daß die Denker jahrtausendelang nach Wahrheit suchten, daß die Künstler das Schöne gestalteten, daß die Menschen liebten und lachten und die Fährte ihres Glücks verfolgten? In welchen Abgrund, in welche Absurdität stürzten wir dann?

Doch die Frage der Jünger: »Wann wird dieses (absolute) Ende kommen?« ist trotz des Grausigen von einer eigentümlichen Ruhe überschattet. Sie verbinden die Frage nach dem Untergang des Tempels und der Welt mit der Frage nach der Wiederkunft, nach der Zukunft des Herrn. Der Sieg Gottes wird also am Ende aller Untergänge stehen. Dann kann aber die Auslöschung alles dessen, was besteht und gilt, nicht mehr *ganz* trostlos sein.
Auch sonst ist es ja so: Unsere größten Bangigkeiten stammen doch gar nicht aus der Schwere unserer Schmerzen, sondern sie kommen dann zustande, wenn wir kein Ziel und keinen Sinn mehr sehen. Hiob hätte wahrscheinlich noch sehr viel schwerere körperliche und seelische Attacken ertragen, als sie dann über ihn kamen. Das, was ihn schließlich umwarf, waren nicht die Schmerzen selbst, sondern der Abgrund der Leere, die sich vor ihm auftat. War die Brandkatastrophe, war der Tod seiner Kinder und waren die tödlichen Geschwüre, die seinen Leib verfaulen ließen, nicht ein ungeheures Dementi alles dessen, was er bisher geglaubt und woran er sich gehalten hatte? War diese völlig widersinnige Bestrafung eines Gerechten nicht eine Widerlegung jeder göttlichen Weltregie, aller angeblich »höheren Gedanken«? War nicht alles entsetzlich *sinnlos*, so daß es sich nicht mehr lohnte zu leben? Und waren nicht alle heiligen Schriften und Glaubenswahrheiten zur Makulatur geworden? Rückte nun nicht an die Stelle des heiligen Satzes: »Ich bin der Herr, dein Gott« die zynische Feststellung »Ohne Wahl zuckt der Strahl«?

Das war doch Hiobs Leiden! Es waren keineswegs nur die physischen Schmerzen. Und wenn wir daran denken, daß alles, was die Volkslieder und Schlager von Liebe und Tod, von Abschied, Heimweh und Erfüllung singen, einmal schlechthin ausgelöscht sein und ohne Spuren bleiben sollte, daß sich das Schweigen eines absoluten Endes und einer götterlosen Wüste über eine Erde breiten sollte, die einmal die Wohnstatt von Plato und Laotse, von Albrecht Dürer und Beethoven war, dann blickt der Abgrund der völligen Sinnlosigkeit auch in uns hinein.

Wahrscheinlich sitzt sogar hier das tiefste Geheimnis des Schreckens, in den uns der Gedanke an eine atomare Selbstzerstörung der Welt versetzt. Daß ich und du dabei umkommen könnten, das erklärt diesen Schrecken ja noch nicht. Toter als tot kann man sowieso nicht sein; und umkommen können wir auch auf der Straße oder beim Sturz von einer Leiter. Nein: Der Schrecken liegt in der Auslöschung alles Bestehenden, alles Gültigen, aller sinnvollen Prinzipien und Wahrheiten, für die irgendein Mensch je gelebt hat.

In eben diesen letzten Schrecken können aber die Jünger nicht mehr entführt werden, wenn der Herr selbst es ist, der hier im Symbol des Tempeluntergangs das totale Ende der Welt veranschaulicht. Sie wissen, daß hinter dem Ende jemand steht, der sie empfängt, wenn sie aus dieser Waberlohe der Untergänge kommen, daß jemand da ist, der bei ihnen bleibt alle Tage bis an der Welt Ende und der sie auf der andern Seite des großen Abgrundes erwartet.
Das ist aber dann viel *mehr* für sie als die bloße Prognose einer fernen Zukunft, eines »Plusquamfuturum«. Bloße Hinweise auf die Zukunft lassen uns ja ebenso kalt wie die bloßen Berichte über eine Vergangenheit, in der Gott angeblich Wunder getan und freundschaftlichen Umgang mit Mose und andern Gestalten der Urzeit gepflogen hat. Wie fern ist das Einstige! Wie fern auch das Kommende —

und wie kühl läßt es uns deshalb! Die bloße Weissagung des Endes also ist es nicht, die uns hier anrührt. Und wenn die Astronomen uns über den Eis- oder Wärmetod unserer Erde in einigen Milliarden Jahren belehren, dann schmeckt uns unser Schnitzel deshalb keinen Deut schlechter. Das mag »intellektuell« ja ganz interessant sein, aber »existentiell« ist es belanglos. Mein Leben wird dadurch keineswegs anders. Meine Wertetafeln und mein Lieben und Hassen bleiben unberührt.

Das aber wird sofort und umstürzend anders, wenn Jesus uns sagt, daß *er* es sein wird, der in den Wettern des Endes sein Werk vollbringt und der in einer neuen apokalyptischen Wiederholung von Weihnachten noch einmal seine Ankunft halten wird. Dann nämlich wird schon der *gegenwärtige* Augenblick dadurch geändert. Diese Zukunft gibt schon dem *Jetzt* eine neue Gestalt. Das alles wird *so* bestimmend für den gegenwärtigen Augenblick, daß manche Theologen heute sich durch diese richtige Beobachtung zu einem Fehlschluß verführen lassen: zu der Annahme nämlich, hier sei überhaupt nicht mehr die Zukunft des Herrn und seine Wiederkunft gemeint, sondern das alles sei nur eine verschlüsselte, futurisch verkleidete Aussage über unser Jetzt, darüber nämlich, daß jeder Augenblick unseres Lebens der letzte Ernstfall, der vor Gottes Angesicht gelebte »Augenblick« sei.
So verfehlt diese Konsequenz auch ist, eines ist sicher richtig: Wenn der Herr wiederkommt und wenn alle Sintfluten und Sintbrände schließlich an seinem Throne enden, wenn die Geretteten des Jüngsten Tages nicht in ein Weltengrab zurückschauen müssen, in dem auch — wie in der berühmten Vision Jean Pauls — ihre Gottesvorstellungen und ihre Träume von einem himmlischen Vater versunken sind, wenn sie vielmehr singen dürfen: »Bis hierher hat uns Gott gebracht« — ich sage: *wenn das alles stimmt, dann ist auch mein jetziger Lebensaugenblick radikal verändert.* Dann ist mein Sterben nicht mehr bloß ein

Abschiednehmen, sondern ein Heimgehen. Dann sind Terror und Krieg, Flugzeugabstürze und Grubenkatastrophen, Ehekrisen und Krankenhausaufenthalte nicht mehr bloß seelenlos gesetzmäßige Abläufe der Materie, sondern dann sind die Heimsuchungen Nach-Hause-Suchungen; dann ist jemand da, von dessen Herzen es kommt und auf dessen Herz es zugelenkt wird.

Nicht, als ob wir Gottes Gedanken dabei *verstünden* — wie oft bleiben sie uns dunkel und rätselhaft, wie oft erscheinen sie unserm menschlichen Blick der Sphinx des Schicksals zum Verwechseln ähnlich! —, aber wir vertrauen dem, der sie denkt. Wir vertrauen ihm, weil wir Jesus Christus kennen.

Niemand hat diese Verwandlung des Augenblicks und seiner Schrecken tiefer zum Ausdruck gebracht als der johanneische Christus selbst (Joh. 16, 20 f.): »Ihr werdet weinen und heulen..., ihr werdet traurig sein. Aber eure Traurigkeit soll in Freude verwandelt werden: Wenn eine Frau gebiert, dann ist sie bedrängt; denn ihre schwere Stunde ist gekommen. Sobald aber das Kind zur Welt gebracht ist, ist die Angst über der Freude vergessen, denn ein Mensch wurde der Welt gegeben!«

So also sehen wir das Leben nun an, wenn der Menschensohn wiederkommen und der Welt aufs neue — und dann öffentlich und in Herrlichkeit — gegeben wird: Dann werden unsere Schmerzen zu Geburtswehen. Und die sind eben anders als Zahn- und Bandscheibenschmerzen, bei denen ich mich ärgerlich oder verzweifelt frage, warum *mich* das denn ausgerechnet erwischen mußte. Die Geburtswehen lassen es freilich zu der »schweren Stunde« kommen, aber sie sind von Vorfreude und Erwartung erfüllt auf den großen Augenblick, der bevorsteht. Das legt dann über die schwere Stunde selbst schon den Schimmer des Advents. An den Knotenpunkten der Heilsgeschichte stehen deshalb immer mütterliche Bilder: die Jungfrau Maria im Stall zu Bethlehem bei der ersten Ankunft des Herrn und das Bild der werdenden, von Wehen geschüttelten Mutter als Gleichnis der Menschen des Glaubens, für die alle Schmerzen, alle Bedrängnisse geheimnisvoll verändert und geheiligt sind dadurch, daß sie auf eine große Erfüllung drängen: Der Herr ist im Kommen; der Zeiger rückt ein Stück näher auf zwölf.

Diese überaus tröstliche Gewißheit habe ich aber nicht wie ein Ruhekissen, wie einen sicheren Besitz, sondern sie muß jeden Tag neu gewonnen und im Dennoch des Glaubens errungen werden.
Um sichtbar zu machen, daß man diese Gewißheit nicht schwarz auf weiß besitzt wie einen mathematischen Lehrsatz, sondern daß sie immer neu dem Feuer des Zweifels und der Anfechtung entrissen werden muß, schildert der Herr die bevorstehenden Schrecken. Sie stehen dicht bevor; und noch vor der Zerstörung des Tempels bebt die Erde in gleichsam vorlaufenden Wellen: Ganze Städte in Kampanien und Kleinasien werden zur Zeit Neros in Schutt und Asche gelegt. Der Wechsel der römischen Kaiser bringt Krieg und Blutvergießen und politische Erdbeben. In Cäsarea kommt es zu einem Massaker zwischen Syrern und Juden, bei dem Hekatomben von Juden umkommen. Und das alles sind doch nur Modellfälle der Geschichte überhaupt, die sich immer neu in Untergängen und Schrecken vollzieht. Die Weltgeschichte gleicht ja verzweifelt der Grausamkeit der Natur: Die Völker fressen und werden gefressen. Das wiederholt sich wie der Rhythmus von Naturvorgängen. Früher hatte man Angst vor den Hunnen, später vor den Türken, dann vor den Franzosen — oder auch vor den Deutschen. Heute fürchtet man die Bolschewiken oder auch die schwarze oder gelbe Gefahr. Es ist immer dasselbe. Man meine doch ja nicht, daß der Glaube so etwas unangefochten überstünde und daß die Frommen mit der lächelnden Grazie von metaphysischen Besserwissern glatt hindurchkämen oder gar »darüberstünden«, daß es wirklich in *diesem* Sinne gelten könnte, wenn Erich Kästner sagt: »Wer glaubt, weiß mehr.«

Nein, sagt der Herr, wenn die Ungerechtigkeit überhandnimmt, wird die Liebe in vielen erkalten. Kein Wunder, daß es so ist! Eine Zeitlang kommt man ja mit dem Gedanken ganz gut durch, daß Gott die Wehen der Geschichte auf seinen Thron, auf seine großen Erfüllungen hinlenkt. Bläst einem dann der Wind ins Gesicht, hat man alle möglichen Pechsträhnen zu überstehen und einige Päckchen zu tragen, so kann man sich immer noch damit trösten, daß Gott in diesem Läuterungsofen einen zubereiten und reifen lassen wolle. Nur darf es eben nicht zu knüppeldick kommen! Denn in zwei Fällen versagt dieser Trost:
Einmal, wenn der Schmerz zu groß wird. Wer Höllenqualen leidet — vielleicht in der Todesangst eines Anfalls von Angina pectoris —, ist so ausgefüllt davon, daß er keine Sinnfrage mehr stellt und auch gar nicht mehr reifen kann, sondern daß er nur nach Linderung, nach einer winzigen Pause des Aufatmens schreit.
Der *andere* Fall, in dem es zu Komplikationen kommt, tritt dann ein, wenn das Leiden zu *lange* dauert, wenn es einfach kein Ende nehmen will. Ein oder zwei Jahre nehme ich in Kauf und sage mir: Diese Leidensschule läßt Gott dich durchmachen. Ich merke sogar, daß ich so etwas nötig hatte — *»hatte«!* Denn nun *bin* ich ja weitergekommen, bin ich abgeklärter geworden und zu mir selbst gekommen; nun habe ich die Reifeprüfung bestanden. Von jetzt an wäre jede weitere Qual sinnlos. Aber sie geht dann eben doch weiter. Hier könnte der ironische Satz Erich Kästners »Wer glaubt, weiß mehr« tatsächlich zur blanken Ironie werden: Der Glaube steht vor dem Faktum, daß der Mensch nicht nur »durch die Mangel gedreht« wird, sondern in der Mangel steckenbleibt. Dann stehe ich vor dem Sinnlosen, jedenfalls in seinem Sinn nicht Erkennbaren. Und das Sinnlose wird für mich immer zur Widerlegung Gottes.
Die Zäsur, jenseits derer der Glaube aus einem wohltemperierten Vertrauen zur eisigen Konfrontation mit dem Nichts wird, ist ja wieder bei *Hiob* genau zu erkennen: In

den ersten Stadien, wo er sich noch in der Schule des Leidens wähnte und den Sinn meinte durchschauen zu können, sagte er in frommer Ergebung: »Der Herr hat's gegeben, der Herr hat's genommen, der Name des Herrn sei gelobt.« Dann aber, als er die Leidensschule meinte durchlaufen zu haben, als es nichts mehr zu lernen gab und es dann nicht nur mit der Qual weiterging, sondern als sie noch sehr viel massiver über ihn hereinbrach, da wurde er an Gott irre.

So kann die Liebe in der Tat, wie Jesus sagt, »abkühlen«, wenn die Ungerechtigkeit überhandnimmt und wenn ich nur noch losgelassene Dämonen sehe, wenn die »fetten Wänste« (Psalm 73) und stolzen Geister das Feld behaupten, wenn ihre hybride Behauptung »Macht geht vor Recht« bestätigt zu werden scheint und ihre höhnische Frage »Wo bleibt nun euer Gott?« keine Abfuhr aus dem Himmel erfährt. Dann kommt es zum äußersten Ernstfall mit dem Thema, das der Herr in diesem Kapitel anschneidet: daß er uns verborgen ist, daß unser Glaube dadurch in eine äußerste Zerreißprobe geworfen wird und daß wir nur von der Hoffnung leben, für die er uns sein Wort verbürgt und die er in seinem Leben und Sterben besiegelt hat: daß *einmal* der Glaube schauen darf, was er geglaubt hat, und daß der Unglaube schauen muß, was er *nicht* geglaubt hat.

Im Alten Testament hat Gott seinen Namen kundgetan: Jahwe, das heißt »ich bin, der ich sein werde; ich werde sein, der ich bin«. Das ist der äußerste Appell an den Glauben, den wir — die Tiefe dieser Bezeichnung auslotend — zu denken vermögen. Denn Gott gibt darin nicht so etwas wie ein Programm der Weltgeschichte kund, er enthüllt darin nicht eine kosmische Strategie, sondern er gibt zu verstehen, daß wir wie ein Kind ins Dunkle laufen, daß es durch Schluchten und Abgründe, durch Abenteuer und endlose Ketten von Unvorhergesehenem geht. Zugleich aber gilt uns die Zusage, daß *er* in all dem Ungewissen der Gewisse bleiben will und daß wir auch dann, wenn wir nichts mehr haben, wissen dürfen, was wir an *ihm* haben. Denn er wird »derselbe« bleiben. Wenn *unsere* Liebe erkaltet, wird er weiter in Liebe zu *uns* entbrennen. Wenn *wir* an ihm irre werden, hält *er* uns fest. »Er ist, der er sein wird.« Darum wissen wir, daß er einmal auch alles in allem sein wird und daß das, was wir jetzt nur im Spiegel sehen und wonach unser Glaube wie durch eine Nebelwand greifen muß, einmal in Unmittelbarkeit vor uns stehen wird — *daß also Jesus Christus wiederkommt.* Es ist noch nicht erschienen, was wir sein werden. Aber dann wird es erscheinen. So ist in unserm Glauben ein Drängen und Ziehen nach vorne. Wir stehen vor Türen, die sich noch auftun werden.

Wie albern ist darum die Frage, ob »man« noch Christ sein könne, oder die andere, ob denn das alte Buch den heutigen Menschen »noch« etwas sage. Die Menschen der Bibel sind nie solche zurückblickenden Menschen, sie sind vielmehr an der Zukunft orientiert, an dem, was auf sie »zukommt«. Sie haben die Hand an den Pflug gelegt und blicken auf einen Horizont, an dem das Ende der Dämmerung sich ankündigt und die Morgenröte aufschimmert. Das Losungswort ist nicht das reaktionäre, immer nur zurückblickende »noch«, sondern das Wörtchen »schon«: schon ist der Teufel vom Himmel gefallen wie ein Blitz, schon ist das Reich mitten unter euch, wo Jesus Christus ist. Deshalb heißt es angesichts von Terror, Verfolgung und Katastrophen auch nicht: duckt euch, geht in Deckung! Sondern hier wird das schwingentragende Wort gesprochen: »Erhebet eure Häupter darum, daß sich eure Erlösung naht.« Je dunkler es wird, um so näher ist der Tag, um so dichter ist Gott mit seinen Überraschungen bei euch. Was dem Gottlosen zu einer Bestätigung des »Todes Gottes« werden muß und die Nacht seines Lebens mit noch größerer Düsternis erfüllt, das wird *euch* zur Bestätigung, daß der Herr nahe ist und daß er euch von der andern Seite entgegenkommt.

Der Text deutet noch einen Hintergrund, ein letztes Geheimnis der Geschichte an: Obwohl Gott die Schrecken in ihr zuläßt und damit die Signale der Todeswelt aufrichtet, werden die Menschen das merkwürdigerweise übersehen und die Abgründe mit den glitzernden Netzen ihrer Träume zudecken. »Christusse« werden kommen, sagt der Herr, Pseudoheilsträger, Heilsversprecher und Heilsträumer. Denn mit dem Terror allein können selbst die ideologischen Diktaturen nicht regieren. Das hat sogar Hitler gesagt. Der Terror muß sich tarnen, weil er allein zu abschreckend wäre und sich so selber die Opposition schüfe. Deshalb muß er das Blendwerk mitreißender Ideen zu Hilfe rufen. Er muß das Gegenteil von dem versprechen, was er ist. Er muß Freiheit sagen, wo er Versklavung meint, muß von Völkerversöhnung reden, wenn er seine imperialistischen Ziele will, muß den Humanismus preisen, wenn er an die bloße Verwertbarkeit des Menschen im Produktionsprozeß denkt, muß von Beglückung reden, wenn er das Leben gerade allen Zaubers beraubt und den Mehltau des Grau in Grau auf es niedersinken läßt.

Für die Christen wird das, was für die andern den Trost irreführender Traumideen enthalten mag, zum Grund der Verfolgung und der Einsamkeit. »Sie werden euch vor den Kadi schleppen«, sagt der Herr. Die Rechtsordnung, die in Wirklichkeit nur eine Interessenordnung der Machthaber ist, wird euch in die Rechtlosigkeit verstoßen. Ihr werdet vogelfrei und wie Schafe inmitten eines Wolfsrudels sein. Wenn ihr aber so preisgegeben seid, werden euch Zeichen zuteil werden, daß ihr dieser zu Ende gehenden Geschichte geheimnisvoll entrückt seid und daß der Herr der Geschichte euch trägt. Nicht *ihr* werdet dann das Christentum verteidigen müssen, sondern ihr *werdet* verteidigt. »Es wird euch gegeben werden, was ihr dann sagen sollt.« Nicht *ihr* in all eurer Kümmerlichkeit haltet also die Front, sondern die Frontlinie verläuft zwischen Christus und Antichristus. Gott selbst ist hier provoziert, nimmt die Herausforderung an und macht eure Sache zu der seinen. Er übernimmt die Verantwortung, und ihr dürft euch darauf berufen. Auch hier könnte für die Wetter der

Geschichte das Wort des Herrn gelten: »O ihr Kleingläubigen, warum seid ihr so furchtsam, bin ich nicht bei euch im Schiff?«

Aber ist das, was ich da eben gesagt habe, nicht bedenklich zum Fenster hinaus geredet? Was geht *uns* das an? Leben wir nicht in einem Rechtsstaat, haben wir nicht eine relativ ordentliche Verfassung, und ist das Christentum hier nicht ebenfalls solide eingebaut, ja fast zu warm gebettet und zu sehr privilegiert? Was sollen uns diese apokalyptischen Schauer, in denen das Ende der Geschichte seine Schatten vorauswirft? Wir leben doch, von Andeutungen einer bescheidenen Wirtschaftskrise und gewissen Stabilisierungsnöten einmal abgesehen, ganz behaglich, und das Gleichgewicht des Schreckens bekommt uns nicht schlecht.

Solche Gefühle, mit denen wir uns die gewaltigen Weltend-Visionen der Bibel vom Leibe halten, sind aber trügerisch und auch ein wenig provinziell. Wir müssen uns klar darüber sein, daß diese Windstille des Friedens und eines relativen Rechtszustandes nur eine kurze Pause, nur ein winziger Augenblick im Ganzen der Geschichte ist. Und auch räumlich bezieht sich das nur auf schmale geographische Zonen. Schon wenige Kilometer von unserem Heimatort entfernt kann es anders sein.

Die Bibel aber hat immer das *Ganze* im Auge, während wir Menschen nur das sehen, was vor unsern Augen ist, und deshalb wirklich provinziell sind. Wir meinen manchmal, die Bibel sei wirklichkeitsfremd, wenn sie von Dingen spricht, die uns nicht unmittelbar auf den Nägeln brennen. Dabei hat sie nur einen unvergleichlich größeren Radius der Wirklichkeitserfahrung, als wir ihn haben. Weil im Lichte der Ewigkeit das Herz des Menschen enthüllt wird, darum weiß die Bibel von dem, was an dunklen Potentialen in unserer Welt schlummert und nach oben drängen muß. In diesem Lichte erfahren wir, daß das, was in Auschwitz passiert ist, nicht von ungefähr kommt, sondern daß das alles als eine latente Möglichkeit in uns und um uns herum schlummert, daß die schlafenden Hunde geweckt werden

können, wenn die Stunde der Finsternis da ist. Dostojewskij hat das grausam realistische Wort gesprochen, daß in jedem Menschen ein Henker stecke, und Adalbert Stifter spricht von unserer tigerartigen Anlage, die in der bürgerlichen Normalsituation zwar domestiziert sei, aber schon bei einem Nervenfieber zu Mord- und Vernichtungsgelüsten drängen könne.
In der Tat ist das, was die Bibel hier mit den Endwehen der Geschichte meint, nichts anderes als das Potential der Welt, das nach langer Unterdrückung zum Ausbruch, zur offenen Demonstration drängt.

»Wer aber bis ans Ende beharrt, der wird selig.« Was ist nun dieses Ende, und wie bringt man dieses Beharren zustande? Wie dieses Ende ist und wie sich die Wiederkunft des Herrn begibt, entzieht sich unserer Vorstellung. Im Alten Testament wird die kommende Herrschaft Gottes manchmal in irdischen Bildern veranschaulicht, die durch ihre Phantastik — »Die Wölfe werden bei den Lämmern wohnen« (Jes. 11, 6) — nur darauf aufmerksam machen, wie das irdische Bild durch das Unvergleichliche gesprengt wird. Im Neuen Testament hören diese Versuche, das kommende Gottesreich in den Rahmen unserer Anschauungen einzufügen, völlig auf. Nirgendwo taucht diese Gottesherrschaft als eine utopische Vorstellung, als ein Friedensreich am Ende der Geschichte auf. Im Gegenteil: Diese menschlichen Träume werden zertrümmert; sie werden zur Lastschrift der falschen Christusse und leeren Heilsversprecher. Genauso wie der Auferstehungsbericht keine Hinweise auf die körperliche Struktur seiner verklärten Gestalt enthält (vgl. 1. Kor. 15, 39-50), so gibt es auch keine Aussage über das Wie des kommenden Gottesreiches und der Wiederkunft des Herrn. Die Ankündigung, daß er auf den Wolken des Himmels komme, ist ja keine Kompaß- und Richtungsangabe, sondern nur ein Bild, das die *Öffentlichkeit* seiner Erscheinung bezeugen soll. Wir haben nur sein Wort — wenn man so will, sein unanschauliches

Wort —, *daß* er wiederkommt. Und unser Glaube sagt dazu sein Amen, weil er weiß, daß der Herr, an den er glaubt, kein Gedankengebilde ist, sondern im Regiment sitzt, und daß Orient und Okzident im Frieden seiner Hände ruhen. Dann aber werden diese Hände auch das Letzte sein, wenn Orient und Okzident zum Ruinenmahnmal unserer Todeswelt geworden sind. Und über der in Sintflut und Sintbrand vergehenden Welt wird dann *noch* einmal ein Bogen leuchten. Auch das ist nur ein Bild; das letzte Buch der Bibel läßt diese Vision noch einmal anklingen (Offb. 4, 3; 10, 1). Aber über alle Bilder hinweg greifen wir nach dem, den wir jetzt schon als den Heiland haben und von dem wir wissen, daß er bei uns sein wird bis zum Ende der Welt.

Wie aber »beharren« wir in dieser Hoffnung, wenn die Anfechtungen kommen und alles gegen Gott zu sprechen scheint, ja, wenn sich die Trauerbotschaft herumspricht, daß Gott tot sei und daß wir in jener Einöde »unter uns sind«, die Nietzsche, Jacobsen oder auch Sartre als die götterlos gewordene Wüste unseres Lebens beschreiben? Sicher kommen wir dann nicht mit Sturheit und mit restaurativem Kleben am »christlichen Erbe« durch. Jesus sagt uns statt dessen, daß wir auf *ihn* achten und warten sollen — auf den, der uns über die Wogen von der anderen Seite entgegenkommt.
Ist das aber nicht ein abstruser Gedanke? Was heißt das denn schon: »auf den Herrn warten«?
Ich warte darauf, daß die Post mir morgen endlich einen Brief bringt, von dem viel für mich abhängt. Ich warte auf das Ergebnis einer ärztlichen Untersuchung. Ich warte darauf, wie es im Nahen und Fernen Osten weitergeht. Ich warte auf die Wiedervereinigung. Ich warte auf das Stelldichein heute abend. Aber auf den Herrn, dessen Kommen ich mir nicht vorstellen kann? Hat dieses Warten, dieses Beharren bis ans Ende denn in meinem Leben einen realen Ort? Wie vollzieht es sich denn?

Doch — dieses Warten *hat* einen Ort in meinem Leben. Es vollzieht sich gewiß nicht so, daß ich zum Fenster hinausblicke, ob sich mit dem Zeichen des Menschensohnes etwas tut und der Horizont zu flammen beginnt. Wer auf die Zukunft des Herrn wartet, muß ihn in seiner *Gegenwart* in Anspruch nehmen. Indem er das aber tut, merkt er, daß diese Gegenwart einen Ausgang nach vorne hat, daß sie über sich hinausweist und auf Erfüllungen drängt, die noch kommen.

Was aber *ist* diese Gegenwart des Herrn, wo *habe* ich ihn denn?
Ich habe ihn in meinem Nächsten. Dieser Nächste ist hungrig und fragt uns, ob wir ihm etwas mitgeben (Matth. 25, 35); er ist ein Vertriebener und fragt uns, ob wir ihn aufnehmen; er ist krank und fragt uns, ob wir ihn besuchen; er ist gefangen und fragt, ob wir zu ihm kommen. Und in dem allem ist der Herr selbst da — er, der zugleich dort ist, wo am Ende keine Gefangenen mehr sind und kein Leid und Geschrei, und auch der Tod nicht mehr ist, wo die Tränen von allen Augen getrocknet sind. Hier, in unserm Nächsten, haben wir ihn, und indem wir ihn *da* haben und halten, kann es ein »Beharren bis ans Ende« geben und können wir nie ganz am Boden liegen und hoffnungslos sein.
Ein großer Teil unserer Verzagtheit rührt nicht daher, daß wir nicht fromm genug wären und daß wir zu wenig an ihn dächten und uns nicht genug im Warten übten. Sondern er rührt daher, daß wir uns ständig um uns selber drehen, daß wir uns so wahnsinnig wichtig nehmen. Dann wird nämlich alles verkehrt in unserm Leben: Unsere Sorgen blasen sich zu riesenhaften Schreckgebilden auf; unsere kleinen Eitelkeiten spielen eine ungebührliche Rolle, und wenn sie dann enttäuscht werden, kommt es zu immer neuem Seelenfraß. »Wir spinnen Luftgespinste und kommen weiter von dem Ziel.« Der meiste Jammer kommt ja gar nicht daher, daß es objektiv jammervoll um uns bestellt wäre, sondern daß wir

uns einen *falschen* Jammer und ein *falsches* Glück einbilden, daß wir uns eben um uns selbst drehen. Daher kommen auch die meisten Neurosen.

In seinem schönen Buch »Hinter dem Walde« erzählt Gerhard Nebel von einer Schwester, die ganz in ihrem Dienst aufgeht und vom Glück der Playboys und Playgirls nichts weiß und es auch nicht sucht, die aber in der Kargheit ihres einfachen Lebens randvoll Glücks ist und es weiterstrahlt auf die, die sie pflegt. Er sagt dann: »Die Selbstaufopferung ist das einzig wirksame Mittel gegen Neurosen und Depressionen.« Weder der Spielsaal von Monte Carlo noch das verhätschelte Schoßhündchen noch die Cocktailparty sind das Mittel, sondern eben die Selbstaufopferung. Denn es ist der Herr, dem wir in diesem Nächsten begegnen. Wenn wir ihn *hier* halten, dann hält er uns. Wenn wir *hier* im Dienst sind, dann bleiben die Lenden umgürtet und unsere Lampen brennen. Wer *hier* seine Gegenwart in Anspruch nimmt, der lernt seinen Reichtum, seine Unerschöpflichkeit kennen, der erwartet immer noch *mehr,* je länger er glaubt, der wird geradezu unersättlich in seiner Hoffnung. Und je größer die Erfüllungen sind, denen er entgegensieht, um so weniger wichtig nimmt er sich selbst, um so stärker verändert sich das Verhältnis von groß und klein, wichtig und nichtig — jenes Verhältnis, dessen Verzerrung die Neurosen und Verworrenheiten in meinem Leben hervorbringen konnte.

So überblickt Jesus Christus, der den Seinen diese letzten Dinge enthüllt, den Horizont der Geschichte von ihrem Beginn bis zum Ende. Er sieht den Abend des Tages, den Abend des Lebens, den Abend der Welt. Und er sagt das in dem verzehrenden Wunsch seiner Liebe: »Ach, daß du doch erkenntest zu dieser deiner Zeit, was zu deinem Frieden dient!« Wir aber hören ihn nicht, sondern gehen auf in dem Tagwerk, dem Lebenswerk, dem Weltwerk.

Am Anfang des Krieges stand ich einmal mit dem Kantor auf dem Glockenturm von St. Katharinen zu Danzig. Da setzte sich der Organist an die Tastatur des Glockenspiels, um den Choral der Stunde zu spielen. So verkündete er hoch über der Stadt mit gewaltigem Klang das Evangelium. Die Glocken dröhnten mir in den Ohren, und der Klang der Verkündigung erfüllte mich so, daß sich kein anderer Ton mehr störend dazwischendrängte. Tief unter mir aber sah ich Männer beim Bau eines Luftschutzbunkers; die Bagger rasselten, die Boschhämmer dröhnten, der Verkehr brandete. Und ich sah niemanden, der heraufblickte und dem zugehört hätte, was in meinen Ohren dröhnte und mich randvoll erfüllte. Was uns hier oben umtönte, blieb in den Eigengeräuschen des Tagwerks da unten unhörbar.

Haben wir den Ton gehört, der aus der Höhe kommt? Wir können unsere Maschinen gewiß nicht abstellen. Wir sollen es auch nicht. Aber wir können auf den Klang achten, der in unsere Geräusche dringt. Denn die Luft ist voller Verheißungen. Und wir würden alles verspielen, wenn wir das überhörten.

IV.
SPURGEON ALS TRAINER FÜR DAS GEISTLICHE AMT

Portraitskizze des Predigers Spurgeon

Mitten im theologisch so verrufenen 19. Jahrhundert hat es einen Prediger gegeben, dessen allsonntägliche Gemeinde aus mindestens 6000 Hörern bestand, dessen Predigten lange Jahre hindurch an jedem Montag nach New York gekabelt wurden, um in der führenden Presse des Landes abgedruckt zu werden, und der fast 40 Jahre auf derselben Kanzel gestanden hat, ohne daß die strömende Fülle seiner Verkündigung je abgenommen, ohne daß er sich je wiederholt oder leer gepredigt hätte. Was er so in Brand setzte und zu einem Fanal machte, das über Meere und Zeiten hinwegleuchtet, war nicht das Strohfeuer der Sensation, sondern eine unerschöpfliche Glut, die auf festen Herden brannte und aus den Magazinen des ewigen Wortes genährt wurde. Hier war das Wunder eines Busches, der »mit Feuer brannte und doch nicht verzehrt ward« (2. Mose 3, 2).

In nichts glich er den Managern eines modischen Evangelismus, die mit den Techniken der Massensuggestion an den Seelen manipulieren und sich als Ingenieure des Heils gebärden. Charles Haddon Spurgeon — um ihn handelt es sich — wußte noch nichts von den Raffinessen der Propaganda und schon gar nichts von der unterschwelligen Beeinflussung, die mit dem Appell an geheime Leitbilder, Wunschträume und Angstkomplexe arbeitet und dabei von psychoanalytischen Testverfahren ausgeht. Er wirkte

nur durch die Macht des Wortes, das sich die Hörer schuf und die Seelen wandelte.
Es war nicht einmal *sein* Wort, das er rhetorisch produziert hätte, sondern es war ein Wort, das er »nur« vernommen hatte, dem er sich als Echo zur Verfügung stellte und das ihm der Geist zutrug, über den er selbst nicht verfügte. Seine Botschaft erschöpfte sich nicht, weil er ein unentwegt Empfangender war.
Er lebte auch geistlich nicht über seine Verhältnisse. Denn er gab nur das aus, was ihm aus den Kanälen der Heiligen Schrift in immerwährendem Nachschub zufloß. Er begab sich mit Fässern und Eimern auch an die entlegensten Seitenarme und Rinnsale dieses Stromes, um Dürstende mit diesem Wasser zu tränken und wüstes Seelenland fruchtbar zu machen.
Einer Zeit wie der unseren täte es gut, bei diesem Manne in die Schule zu gehen. Denn unsere Predigt ist weithin zwar korrekt, sie ist exegetisch »legitim« und handwerklich sauber; aber sie ist auch merkwürdig tot und ohne ansteckende Kraft. Sehr oft steht sie wie ein unwirkliches Gespenst oberhalb dessen und isoliert von dem, was die Menschen als eigentliche Realitäten ihres Lebens empfinden und worüber sie in ihrer Sprache reden. Ganz gewiß ist es für viele Prediger eine Flucht, wenn sie angesichts dieser Fehlanzeige im Verkündigungsbereich nun in die Pflege eines liturgischen Zeremoniells ausweichen und aus der Not der Zeitenthobenheit noch eine Tugend machen, oder wenn sie in den Aktivismus blinder Betriebsamkeit fliehen. In dieser verzweifelten Situation, an der die besten zu zerbrechen drohen — denn es ist schon zum Verzweifeln, die Last der aufgeladenen Seelen zu spüren, ohne sie bewegen zu können —, käme alles darauf an, wieder Maßstäbe für das »Thema 1« der Kirche, für ihre *Predigt,* zu gewinnen.
Diese Maßstäbe theoretisch zu formulieren, hat gewiß Sinn, ist aber doch nicht entscheidend. Denn da das Predigen einen unerhört weiträumigen Komplex von Vor-

gängen umschließt, die vom Gebet um das Wunder des Geistes über die Arbeit am Text bis zur Architektur des Aufbaus und zur handwerklichen Bewältigung des Rhetorischen reichen, so können wirkliche Maßstäbe nur durch lebendige Leitbilder zur Verfügung gestellt werden. Nur in ihnen ist die Fülle einer Ordnung da, in der die Vielzahl jener Vorgänge zur anschaubaren Gestalt geworden ist und die so an dem wißbegierig Betrachtenden die Funktion einer Planskizze ausüben kann.

Man muß darum solche Predigten wie die Spurgeons lesen, um zu erfahren, was eine Predigt zu sein und zu geben vermag. Man muß seine Kommentare studieren — der größte von ihnen, das Kommentarwerk zum Psalter (The Treasury of David), umfaßt sieben Bände im Lexikonformat —, um davon bewegt zu werden, wie ein genauer Umgang mit der Heiligen Schrift sich in einem Hörbereiten widerspiegelt, und wie zweitrangig es bei diesem Charismatiker des Lauschens dann ist, daß er sich nur als theologischen Amateur bezeichnen kann und nicht auf der Höhe des Philologischen steht. (Auch wenn man sich darüber klar ist, daß der geschulte Theologe die Arbeitsgänge moderner Interpretationskunst nicht überspringen darf, wäre man doch ein Beckmesser und Böotier, wenn man keinen Sinn mehr hätte für dieses Geschenk charismatischen Hörens, für diese nicht nachahmbare Unmittelbarkeit eines sonderlich Erwählten zu seinem Text. Es wäre nur ein Zeichen dafür, daß die Kunst der Hermeneutik uns rasend gemacht hätte, wenn wir diese kindliche Offenheit eines Predigers, der hören konnte wie ein Jünger [vgl. Jes. 50, 4], nicht einmal mehr als Korrektiv unserer exegetischen Perfektion annehmen und würdigen könnten.)

Es zeugt für die Substanz und auch für den formalen Rang der Predigten Spurgeons, daß sie auch außerhalb der Situation, in der sie ursprünglich gehalten wurden — und auch unabhängig von der magnetischen Ausstrahlung der *Person* Spurgeons! — durch den Druck kaum verlieren. Sie lassen in keinem Moment den Eindruck aufkommen, als läse man nur historische Zeugnisse, zu denen kein unmittelbarer Zugang mehr besteht und die erst im Akt einer neuen Übersetzung und Re-Interpretation lebendig würden. Hier sprudelt auch für uns ein Quellwasser, das keiner Filterung oder Aufbereitung bedarf. Und ich wage die Frage zu stellen, bei welchem Prediger des 19. Jahrhunderts das wohl sonst noch der Fall sein möchte? Ich wüßte keinen einzigen, auch nicht unter den größten, selbst Schleiermacher nicht und auch nicht Johann Tobias Beck und nicht einmal Ludwig Hofacker. Ja: Welche Predigten vor dem Ersten Weltkrieg — was sage ich? Welche Predigten der zwanziger und dreißiger Jahre könnte man heute noch lesen, ohne daß ein historisches Interesse bei der Lektüre behilflich sein müßte, und ohne daß wir weniger uns selbst als die Väter oder die Gefährten der vorigen Tage darin angeredet sähen?

Dieser Busch aus dem alten London aber brennt immer noch und weist keine Kennzeichen auf, daß er sich verzehrt hätte. Christen wagen dabei, von Wunder zu sprechen.

Haben wir außerdem noch das Glück, ein Buch dieses Mannes zu besitzen, in dem er sich selbst interpretiert und seine Schüler belehrt, wie sie es ihrerseits machen können und was sie vor allem zunächst einmal *werden* müssen, um zu solchem Reden befähigt zu sein, so können wir das alles nur wie ein Geschenk entgegennehmen und den Freuden einer Neuentdeckung entgegensehen. Wer an sich selbst die Last und die Freude durchlebt, verkündigen zu müssen und es auch zu dürfen, kann nicht mehr schweigen, wenn er einmal zu ahnen begonnen hat, was ein Prediger wie Spurgeon für unsere Generation bedeuten könnte.

Spurgeon wurde 1834 geboren und starb 1892. Seine Jugendjahre waren von inneren Kämpfen und einem quälenden Suchen erfüllt, bis er als Fünfzehnjähriger unter dem Eindruck einer sehr bewegten Ansprache, die ein Laienprediger der »Primitivmethodisten« in einer kleinen Kapelle hielt, zum Glauben durchfand. Den 6. Januar 1850 hat er als seinen Bekehrungs- und Wieder-Geburtstag zeitlebens im Gedächtnis behalten. Die genaue zeitliche Fixierung seines Lebensbeginns als »neuer Mensch« könnte an pietistische Gepflogenheiten erinnern, wie sie auch bei uns bekannt sind. Diese Assoziation legt sich in der Tat durch die puritanisch-methodistische Tradition nahe, der er von seiner Familie und dem eigenen Entwicklungsweg her zugeordnet war. Doch werden wir sehen, daß er weder in seiner menschlichen Veranlagung noch in seinem geistlichen Zustand durch ein solches Etikett erschöpfend bezeichnet werden kann, daß er vielmehr zu original und darum zu einmalig ist, um sich theologiegeschichtlich ohne Schwierigkeit unterbringen zu lassen.

Schon als erst sechzehnjähriger Unterlehrer hatte er, durch einen Zufall veranlaßt, vor einigen Bauern eine erste unvorbereitete Predigt zu halten. Als sie ihm gelang und seine Hörer angerührt waren, fuhr er in seiner Predigttätigkeit fort. Dieses Ereignis ließ die Stillen im Land aufhorchen, und er wurde 1851 — als Siebzehnjähriger — von der kleinen Baptistengemeinde des Dorfes Waterbeach zu ihrem Prediger berufen. Der blutjunge »boy preacher« erregte bald Aufsehen, und die Menschen strömten ihm von weither zu. Schon damals ließ sich erkennen, daß seine jugendlich enthusiastische Beredsamkeit nicht nur Sensationen heraufbeschwor und die Neugier nach dem geistlichen Wunderkind reizte, sondern daß ihm die Macht des *vollziehenden* Wortes geschenkt war: Die Menschen änderten sich, und an die Stelle moralischer Zuchtlosigkeit traten Ordnung und Friede.

Es zeugt von ungewöhnlicher Reife und Selbstkritik des »Knabenpredigers«, daß ihn der Erfolg nicht verblendete, sondern daß er statt dessen unter seiner mangelnden theologischen Zurüstung zu leiden begann und sich energisch und wiederholt um Aufnahme in ein theologisches Seminar bemühte. Es ist eine eigenartige Fügung, daß ihm das nicht gelang und daß er genötigt war, ein Autodidakt zu bleiben.

So sehr damit seiner theologischen Bildung Grenzen gesetzt wurden, so ungewöhnlich gestaltete sich andererseits dieses sein Autodidaktentum: Er erschöpfte sich nicht in einem wahllosen, chaotischen und bücherverschlingenden Bildungshunger, sondern bereits damals zeigte sich — von Verstandes- und Gemütskräften sowie einem erstaunlichen Gedächtnis unterstützt — eine disziplinierte und planvolle Systematik seines Studiums, die sich später auch in der Fähigkeit verriet, seine literarische Arbeit großzügig und durchdacht zu organisieren: Er zog sich im Laufe seines Lebens eine beachtliche Helferschar heran, die ihm bei seiner zwanzigjährigen Arbeit am Psalmenkommentar half, das reiche Quellenmaterial des Britischen Museums für ihn durchforschte, ihm Exzerpte lieferte und auch die Väterwerke des Puritanismus für ihn auszuschöpfen bemüht war. Eine Unzahl von Bücherrezensionen, die er in der späteren Monatsschrift »The Sword and the Trowel« publizierte, zeigt darüber hinaus, in welchem Umfang, mit welcher kritischen Wachheit und wie systematisch er selbst las und sich ständig bildete. Nach einigen Zwischenstadien, in denen die Kirchen stets zu eng für die andrängenden Menschenscharen waren, und wo er häufig unter freiem Himmel, in ausgeleerten Scheunen und einmal sogar vom Giebel eines Hauses herunter redete, siedelte er 1861 in das berühmte Metropolitan Tabernacle in London um. Hier hat er bis zu seinem Tod Sonntag für Sonntag vor etwa 6000 Menschen gepredigt. Seine größte Versammlung hielt er am Bußtag 1857 im Kristallpalast vor 24 000 Zuhörern. Auch in einer Zeit, die keine Lautsprecher kannte, machte es ihm keine Schwierigkeit, sich mit seiner klaren, hellen und eindringlichen Stimme bis in den letzten Winkel verständlich zu machen.

Als er zum erstenmal in der großen Musikhalle der Surreygärten predigte und fast 10 000 Menschen eine drangvolle Enge hervorriefen, schrien einige Störenfriede »Feuer!«... Obwohl Spurgeon gelassen auf seiner Kanzel blieb und für Ruhe zu sorgen bemüht war, konnte er eine

Panik nicht verhindern. Das grausige Schauspiel, in dem sieben Menschen zu Tode getrampelt und 28 verletzt wurden, hat er zeit seines Lebens nicht vergessen. Es verdichtete sich in seiner Phantasie zu einem Symbol der »Finsternis«, wie sie gerade Menschen Gottes zu überfallen vermag, und zu einer exemplarischen Anfechtung, die »aufs Wort merken läßt«. Der Alpdruck der entsetzlichen, ihn lange verfolgenden Bilder begann erst zu weichen, als ihm das Wort aufging: »Ihn hat Gott der Vater erhöht« (vgl. Phil. 2, 9). »Die Tatsache, daß Jesus doch groß bleibt, wenn seine Diener noch so tief am Boden liegen, führte mich endlich ... zum Frieden zurück.«

So wurden ihm Glück und Schmerz, Erfolg und Niedergeschlagenheit jeweils zu einem geistlichen Widerfahrnis, das er entsprechend auch mit geistlichen Mitteln bewältigte. Es gab für ihn nichts, das er nur aus seinem immanenten Zeitzusammenhang verstanden und nicht unter das Licht der Ewigkeit gerückt hätte. Ein Beispiel dafür ist die eben erwähnte Anekdote.

Für die Art seiner Predigttätigkeit ist es charakteristisch, daß er trotz der Turbulenz eines menschenumdrängten Erfolgslebens nicht »nach außen« lebte, sich nicht im Betrieb verzehrte, sondern in die Stille des Gebetes, der Meditation und des eigenen Aufnehmens hinabtauchte, um dann wie neugeboren aus den Stunden der Sammlung hervorzugehen und sich als ein Beschenkter rückhaltlos zu verströmen. Darum waren die Allüren eines Stars mit dessen Menschenfurcht und Menschenvergötterung für ihn keine Anfechtung. So wurde er auch kein Solist, sondern suchte als dienendes Glied der Gemeinde das »Ensemble«, innerhalb dessen er wirkte und auf das er ausstrahlte, um nicht nur die *Wirkungen* seiner Gaben, sondern auch diese selbst auszuteilen und nicht an die Größe der eigenen Person zu fesseln.

Das wichtigste Ergebnis in seinem Bemühen war die Gründung des »Pastor's College« (1857), in dem er mit seinen Mitarbeitern zusammen etwa 700 Prediger und Evangelisten ausbildete. Aus dieser Arbeit sind die »Lectures to my students« hervorgegangen. Sie sind dadurch ausgezeichnet, daß sie dem Leser sehr viel mehr vermitteln als technische Kunstregeln und eine unerschöpfliche Fülle von Stoffanregungen.

Solches Training im Formalen leisten sie freilich *auch*: Die handwerkliche Seite des Rhetorischen von der Stimmbildung über die Gestik und das Mienenspiel bis zur Architektur einer Kanzelrede sind wichtig genug, um Gegenstand einer allseitigen Ausbildung zu sein. Denn »der ernste Beruf des christlichen Predigtamtes fordert alles und das allerbeste, was ein Mensch geben kann«. Darum haben wir nicht nur zu verantworten, *was* wir sagen, sondern ebenso *wie* wir es tun. Auch unser Handwerkszeug will gepflegt sein. Nicht allein unsere geistliche Erkenntnis, sondern auch die Mittel ihrer *Weitergabe* sind anvertrautes Pfund und zum Dienst verordnet. Spurgeon weiß sehr genau, wie viele Prediger sich selbst im Licht stehen, weil unkontrollierte Angewohnheiten, irgendein Lispeln, ein monotones Satzgefälle, ein abstoßendes Grimassenschneiden, eine immerfort geballte Faust oder ein dauernd erhobener Zeigefinger die Hörbereitschaft der Gemeinde blockieren oder tödliche — auch geistlich tötende! — Langeweile entstehen lassen.

Indem Spurgeon sich über diese rhetorischen Lasterkataloge weidlich verbreitet, macht er sich nicht der Paradoxie schuldig, über das Langweilige und Beelendende nun selbst eintönig und moralinsauer zu reden. Man wird wenige Beispiele in der Literatur finden, in denen über das Langweilige so kurzweilig und amüsant geplaudert worden ist. Der Kunstgriff, dessen sich Spurgeon dabei bedient, ist die *Karikatur* und der *Humor.* Er kann vor den Augen

seiner Hörer Predigerfiguren von hinreißender Komik entstehen lassen und zu dem spontanen Gelübde anregen, ja kein derartiger Kanzelschreck zu werden.
Dabei bezieht sich die Lust zu karikieren nicht nur auf das äußerliche Gehabe, sondern auch auf die *innere* Situation gewisser geistlicher Salonlöwen, kulturspinnender Abbés und Modeprediger im Gentleman-like-Stil. Die Lächerlichkeit, der er diese Erscheinungen überantwortet — Lächerlichkeit tötet! —, wird ihm sozusagen zu einer Funktion des richtenden und hinrichtenden Gesetzes. Und doch: Indem er das alles von einem Ort der Geborgenheit aus schildert und jener Schule des Heiligen Geistes gewiß ist, die uns diese Gebresten austreibt, kann er das alles lächelnd und augenzwinkernd sagen und kann auch das Destruktive zu einem Mittel der Erbauung machen. »Ich empfehle Heiterkeit allen denen, die Seelen gewinnen wollen.« Wie sollte diese Heiterkeit nicht auch schon im Unterricht an den Seelengewinnern *selbst* wirksam werden!
So wichtig dieses Formale und Fleischhaft-Äußere nun auch für die sein muß, die dem fleischgewordenen Wort Gottes dienen wollen, so bildet es doch nur einen kleinen Sektor im Gesamtkreis des Seminar-Unterrichtes. Der Kreis selbst kann nur so bestimmt werden, daß man von einem Unternehmen umfassender Prediger-*Erziehung* spricht: Es geht um *Erziehung* erstens deshalb, weil Spurgeons Einflußnahme auf seine Seminaristen nicht nur auf die Vermittlung von Kenntnissen und Können aus ist, sondern weil sie die Menschen *selbst* zu gründen, zu bilden und zu fähigen Werkzeugen ihres Auftrags zu machen sucht. Diese Erziehung ist zweitens *umfassend*, weil sie alle Dimensionen des Lebens durchwirkt und es nichts geben darf, was dem magnetischen Kraftfeld des Auftrages nicht ausgesetzt würde.
Die Arbeit an der geistlichen Dimension der Existenz steht dabei obenan. Sie äußert sich als Seelsorge an den kommenden Seelsorgern. Sie »ermahnt« nicht einfach zum ständigen Umgang mit der Heiligen Schrift — schon damit

dieser Lebensumgang nicht als Joch des Gesetzes mißverstanden werde —, sondern sie »vollzieht« ihn, indem sie in jedem Wort die *Allgegenwart der Heiligen Schrift* wirksam werden läßt. Es ist, wie wenn die Gestalten der Patriarchen und Propheten und Apostel mit im Hörsaal — auf erhöhter Tribüne! — säßen und auf die Versammelten herabblickten. Man hört den Jordan und die Bäche von Siloah rauschen, sieht die Zedern auf dem Libanon sich wiegen, vernimmt das Kampfgetümmel der Kinder Israel und der Philister, spürt die Geborgenheit der Arche Noah, erleidet die Seelenschmerzen Hiobs und Jeremias, hört das Knirschen der Riemen, als die Jünger sich gegen widrige Winde ins Zeug legen, und ist durchschauert von den Schrecken der Apokalypse. Die Bibel ist so hauchnahe, daß man ihre Atmosphäre spürt und nicht nur ihre Botschaften vernimmt. Das Herz ist so voll von ihr, daß das Bewußtsein von ihr durchsäuert, die Phantasie mit ihren Bildern bevölkert ist und daß sie wie ein Klima die Landschaft der Seele bestimmt. Und weil sie so etwas wie eine totale Anwesenheit hat, darum ist sie als Gotteswort zugleich auch eine »Dichtung«, ist sie wirklich verdichtetes Leben, das in alle Poren eingeht und nicht nur zu sehen und zu hören, sondern auch zu schmecken und zu riechen lehrt, was hier an Fülle der Wirklichkeit ausgebreitet ist.

Wer diese Lektionen Spurgeons durchlief, der lebte auch »kata sarka« (nach dem Fleisch) in der Atmosphäre der Bibel; der bedurfte nicht mehr der Ermahnung, sie ernst zu nehmen, sondern sie durchdrang ihn gleichsam bis in die Bildschicht seines Unbewußten. Auch der Ermahnung zum Gebet bedurfte es kaum. Denn der, dessen Worte einen hier erreichten, kam selbst aus der Stille des ewigen Umgangs mit Gott, und was er zu einem sprach, war vorher mit dem Vater im Himmel besprochen.

Das entscheidende Fundament der Prediger-Erziehung ist für Spurgeon natürlich die *Arbeit am geistlichen Menschen.* Die Erziehung darf nicht unmittelbar pragmatisch, sie darf nicht direkt auf das Predigen als *Zweck* gerichtet sein.

Sonst wird sie aus einem Prozeß der »Erziehung« zum Akt einer bloßen »Abrichtung« und allenfalls zu einer technischen Kunstlehre. Die Bibel muß gelesen werden ohne den Hintergedanken, wie die studierten Texte homiletisch »abzugrasen« seien. Sie muß zunächst einmal Nahrung für die eigene Seele sein. Denn das Licht, das wir vor den Menschen leuchten lassen sollen, ist geliehenes Licht und bloßer Widerschein. Wer sich nicht selbst in die Sonne begibt, um sie dann in der demütigen Rolle des Spiegels nur widerscheinen zu lassen, der muß sein eigenes Licht produzieren wollen und straft dann durch Eitelkeit und angemaßte Egozentrik seine Botschaft Lügen. Neben seiner Unglaubwürdigkeit ist er überdies noch verdammt, sich selbst zu verschleißen und bis zum Bankrott sein Kapital zu verausgaben. Weil er kein Empfangender ist, muß er sich selbst produzieren und sein Verstummen mit Hilfe von tönendem Erz und klingenden Schellen zu überspielen suchen. So endet er im Krampf der Leere, und hinter seiner hohl dröhnenden Rhetorik verbirgt sich die ausgebrannte Schlacke.

Daß Spurgeon so zunächst an den Seelen der zukünftigen Prediger arbeitet und sie immer neu auch zur *eigenen* Arbeit an ihrer Seele auffordert, beruht aber nicht nur auf der nüchternen Bilanz und Balance zwischen Einnehmen und Ausgeben, sondern es gründet letztlich auf einer Glaubenstatsache: daß nämlich der Arm des Herrn auch ohne uns über den Erdkreis gereckt ist, und daß also nicht *wir* es sind, die ihn als Aktivisten erst bei der Hand nehmen und über die Kontinente und Inseln schleppen müßten. Gott ist auch ohne das Instrumentarium, das wir ihm mit unserer Kraft zur Verfügung stellen, der Herr. Sein Reich kommt auch ohne uns.

Darum darf der Jünger einen langen Atem haben. Wer der Ewigkeit zugeordnet ist, darf sich nicht durch die Zeit hetzen lassen. So läßt Spurgeon manche Worte fallen, die jenem gelassenen Ausspruch Luthers gleichen: Während er in aller Ruhe sein Töpflein Wittenbergisch Bier trinke, laufe das Evangelium. Darum ist Nervosität Sünde. Sie ist sozusagen die psychopathologische Form des Unglaubens, der sich an eigener Verantwortung übernimmt und im gleichen Maß das Zutrauen verliert, daß Gott im Regiment sitze und für seine Sache sorge.

Anleitung zu meditativer Ruhe — Wider den Typus des »Machers«

Deshalb habe Jesus, erklärt Spurgeon, seinen Jüngern voll Weisheit und Barmherzigkeit gesagt: »Laßt uns in die Wüste gehen und ruhen.« »Aber«, so fährt er fort, »wenn nun das Volk verschmachtet? Wenn sie wie Schafe ohne Hirten sind? Wie kann Jesus da von Ruhe sprechen? Wenn die Schriftgelehrten und Pharisäer wie Wölfe in die Herde fallen, wie kann er mit den Seinen an den Ort der Ruhe gehen?« Kann man denn, wenn die Entscheidungsschlacht anhebt und überall Durchbrüche des Feindes gemeldet werden, das Ruhequartier der Etappe beziehen? Aber: »Der Herr Jesus weiß es besser. Er will nicht die Kraft seiner Diener vor der Zeit erschöpfen und die Leuchte Israels auslöschen. Ausruhen ist kein Zeitvertreib... Betrachtet einen Mähder, der vor Sonnenuntergang viel fertigbringen muß. Er ruht eine Weile aus. Ist er ein Faulenzer? Er hebt einen Stein auf und fährt damit an der Sense auf und ab mit einem kling-klang, kling-klang. Ist das Faulheitsmusik? Verliert er kostbare Augenblicke? Wieviel hätte er inzwischen mähen können! Aber er schärft sein Gerät und kann nachher viel mehr arbeiten, wenn er so mit ganzer Kraft ausholt und das Gras in Schwaden niederlegt.« Auch der Fischer kann nicht immer fangen, sondern muß seine Netze flicken. So kann selbst unser Urlaub zu den Pflichten gehören, die uns das Reich Gottes auferlegt.
Man kann, wenn man das liest, nur mit Wehmut — oder mit Zorn! — an die vielerlei Praktiken heutiger Ausbildungsformen in der Kirche denken: Während Spurgeon

auffordert, dessen eingedenk zu sein, daß sich die Prediger als Instrumente nicht überheben dürfen, sondern auch im Glauben ausschalten lassen müssen, hetzen wir — zwar nicht überall, aber doch vielerorts! — die jungen Vikare vom Examen hinweg in den Kasualienbetrieb der Großstädte, von den Gräbern an die Traualtare, von den Kanzeln an die Glastüren und öffnen die Poren des Leibes Christi all jenen Bazillen, gegen die wir doch das Antibiotikum unserer Friedensbotschaft mobil machen sollten. Wir treiben Knospenfrevel, weil wir nichts mehr wachsen lassen können. Und wir können nichts mehr wachsen lassen, weil wir im Grunde die Bitte »Dein Reich komme!« verlernt und den Managerglauben an die Machbarkeit aller Dinge an seine Stelle gesetzt haben. Wir predigen »Sorget nicht!« und zersorgen uns gleichzeitig, daß auch alle dies hören möchten. Wir sagen: »Gott sitzt im Regiment« — und werden doch volkskirchliche Betriebmacher. Wir verkünden die justitia passiva des Menschen (die Gerechtigkeit, die vor Gott gilt) und gebärden uns doch als Aktivisten. Wir verkünden die Ewigkeit; aber wenn Jesus uns fragt: »Habt ihr je Mangel gelitten?«, so müssen wir antworten: »Doch ja; wir hatten Mangel an Zeit.« Darum geben wir Steine statt Brot und werden unglaubwürdig. Darum predigen wir Frieden und strahlen Unruhe aus. Der Glaube widerlegt sich selbst durch die Unglaubwürdigkeit derer, die ihn verkünden.

In der Aufklärung — und damit in längst überwundenen Zeitläufen! — mochte es so sein, daß das Wissen als Widerlegung des Glaubens erschien; die Anfechtung des Glaubens kam aus dem Raum der vermeintlich wissenden »Welt«. Heute hat das Gericht am Haus Gottes selbst begonnen: Wir blockieren den Glauben durch Unglaubwürdigkeit.

Geistliche Vorgänge lassen sich nicht beschreiben, ohne daß man den *Ort* markiert, an dem sie stattfinden können. Wer nicht »zwecklos« am Kunstwerk der Predigt arbeitet, sondern immer nur an den Verkauf und womöglich noch daran denkt, wie er das Marktgeschehen im Fluß halten kann, der wird zum Routinier und dient nicht dem Reich Gottes, sondern nur der Perfektion der Verkündigungsmaschinerie. Was er sagt, mag »legitim« sein; wie er es sagt, mag »ankommen«; und wie er es sagen *läßt*, mag ein Meisterstück kirchenleitender »Strategie« sein. Und doch wird das, was herauskommt, eine paradoxe Selbstwiderlegung der Botschaft sein, weil die eigene Existenz wider sie zeugt. Dann wird leeres Stroh korrekt und nach allen Regeln der Kunst gedroschen; und der wohlgeölte Apparat steht nicht mehr im Dienst, sondern macht Propaganda für eine Institution, die ihrerseits doch im Dienst stehen sollte. Was die Kirche dann tut, ist ein Akt institutioneller Selbstbehauptung inmitten der Konkurrenz von Institutionen. Ein gewisser Erfolg mag sich hierbei durchaus ergeben, aber er ist nicht die Frucht des Geistes. Kirchliche Einflüsse in der Öffentlichkeit mag man durchaus registrieren können, aber sie sind nicht das Salz, das vor Fäulnis bewahrt, und nicht der Sauerteig, der den Geschmack des Brotes bestimmt. Das Weizenkorn der Botschafter und das Weizenkorn der Kirche als Institution muß in die Verborgenheit der Erde, der Stille und der gelassenen Passivität, es muß erst sterben, um dann aufgehen und Frucht bringen zu können. Wir aber arbeiten treiberisch mit künstlichen Düngemitteln; wir sind fortwährend »Machende« und beten den Götzen der Machbarkeit an. Darum breitet sich das Feld der Totengebeine um uns aus. Wir sind Pragmatisten der Einflußnahme und haben das »Stirb und Werde« des Weizenkorns verlernt. Nur wer mit Christus stirbt und aufersteht, kann den Tod und die Auferstehung des Herrn glaubwürdig bezeugen. Wir aber tun nur so, »als ob« er auferstanden wäre, weil wir nicht im Kraftfeld von Karfreitag und Ostern leben. Darum helfen uns die griffigen Formulierungen und die gezielten Adressen keinen Deut. Der Feind, der nachts umgeht und seine Giftsaat unter jene Körner sät, die wir scheinbar im Namen Jesu ausgestreut haben, ist der Großinquisitor, der ja aus unseren Kreisen stammt und den christlichen Betrieb auf Effekt einrichtet. Wer Ohren hat zu hören, der höre!

Das »Thema 1« in der Botschaft Spurgeons ist die Nachricht, an welchem *Ort* geistliche Existenz möglich wird und daß die Gerade eben nicht die kürzeste Verbindung zwischen zwei Punkten — zwischen dem Predigerseminar und der Verkündigung auf der Kanzel — ist, sondern daß es der Umwege bedarf. Der abgelegenste Punkt dieses Umweges ist die Stille. Nicht nur das Herz muß ruhig werden, sondern auch die Beine. Nicht nur die Gnade muß um Stille angerufen werden, sondern auch die Natur. Je höher sich die Krone eines Baumes reckt, um so mehr muß er im Erdreich gegründet sein, damit die Stürme ihn nicht entwurzeln können.

Der Sturm, an den Spurgeon vor allem denkt, ist die Unruhe und die Versuchung des Erfolges. Denn der Erfolg setzt dem Ansturm der Menschen und damit der Versuchung aus, nun mit fleischlichen Mitteln und durch methodische Praktiken zu halten, was gewonnen wurde, und sich der Eigengesetzlichkeit einer ständig weitergetriebenen Ausdehnung hinzugeben. Der Trunkenheit des Erfolges kann ich nur mit der Besinnung wehren, daß Gott es ist, der sein Werk tut und auch ohne mich weiter tun kann, und daß er sich jederzeit anderer Mittel zu bedienen weiß, wenn er mich »klein setzt«.

So lassen sich hinter allem, was jemand im Weinberg tut, geistliche Haltungen erkennen, die seine Pointe ausmachen. Demut, Gelassenheit und Vertrauen sind das eigentlich Zeugerische und auch das Bezeugende. Man kann das Werk Spurgeons nicht verstehen, ohne dies alles mitzusehen. Und man kann dieses Werk nicht nachvollziehen, ohne sich mit ihm an diesen Ort der Existenz zu begeben. Wie bei allen Großen hat das Sein eine größere exemplarische Bedeutung als das Tun.

Das Geistliche aber, um das es hier geht, tritt nun nicht in der Weise ins Blickfeld, daß man es als isolierten Sektor des Lebens verstehen könnte. Dann würde nur das Zerrbild eines Spiritualisten entstehen. Auch das Ich des geistlichen Menschen ist eine unteilbare Ganzheit. Darum kann es nicht von der *Natur* abgelöst werden, in die es nach der Bestimmung des Schöpfers eingelassen ist. Wenn auch der Gedanke einer analogia entis, eines Stufenbaus von Natur und Gnade, bei Spurgeon — soviel ich sehe — nirgendwo auftaucht, so steht beides doch in einem Bezug zueinander. Freilich läßt sich dieser Bezug nicht mit ontologischen Mitteln, sondern nur im Hinblick auf den aussagen, der als Vater, Sohn und Heiliger Geist der *eine* Gott ist und damit die Dimensionen unseres Daseins ebenfalls zu *Einem* zusammenschließt.

Daher rührt es wohl, daß bei Spurgeon unsere leibliche Existenz immer wieder als eine Art Unterbau des geistlichen Lebens erscheinen kann, ohne daß deshalb — wie die marxistische Unterbau-Überbau-Lehre es nahelegen könnte — der leiblich-naturhafte Bestand unseres Wesens beherrschend würde. Das kann schon deshalb nicht so sein, weil ja der Schöpfer auch in Gott selbst nicht den Vorrang vor dem Erlöser und der erste Artikel nicht den Vorrang vor dem zweiten hat.

Spurgeon will uns sagen, daß unser Leib — genau wie das Herz — zum *Dienst* verordnet ist; und weil er das Instrument dessen sein soll, den wir verkündigen, so hat er auch dem Verkündigen selbst zu dienen. Unser Geist samt Seele und Leib (vgl. 1. Thess. 5, 23) bilden die Ganzheit des geistlichen Ichs und sind deshalb dem zur Beachtung und zum Training anvertraut, der im Namen des fleischgewordenen Wortes die Diener am Wort erziehen soll.

Darum ist auch die *leibliche* Seite des Redens — bis zur Stimmbildung und Gestikulation — nicht einfach der Thematik der rhetorischen Kunstregeln zugeordnet, sondern sie wird dem Dienst zugeschlagen, den der Redende am Wort und seinem Lautwerden zu leisten hat und den er zugleich in Liebe zu jenem Nächsten tun soll, dem er dieses Wort schuldig ist.

Damit ist die »Kunstregel« des Rhetorischen nicht

verachtet, aber sie ist relativiert. Sie erhält ihren geistlichen *Ort.* Ohne diesen Ort würde sie zu einem Prinzip des l'art pour l'art und zum Mittel psychischer Effekthascherei. Gerade die Massen, vor denen Spurgeon reden mußte, seine Empfänglichkeit für den Reiz der Atmosphäre und seine virtuose Fähigkeit, auf dem Instrument einer hingerissenen Menge zu spielen, nötigten ihn zu besonderer Zucht. Denn »wenn etwas dazu angetan ist, die Flamme menschlicher Eitelkeit noch stärker zu schüren als der Erfolg eines Schauspielers, so ist es der Erfolg eines Predigers« (Bruce Marshall).

Die Bedeutung der Rede-»Kunst«

Diese Zucht aber empfing er nicht aus der Disziplin des Gesetzes, sondern aus der Rückbesinnung auf das, was ihm geschenkt war und was er als Dienender zu verwalten hatte. Genauso wie die Exegese eine dienende Philologie und wie die Dogmatik ein diakonisches Denken ist, so wird auch die Rhetorik zu einer ars instrumentalis und damit zu einem Bereich der Theologie. Sie wird sozusagen aus der artistischen in die theologische Fakultät übernommen. Und genauso, wie die dienende Philologie der Exegese nicht ein Weniger an Philologie leistet (vielmehr sich aller Kunstregeln der Text- und der Literarkritik sowie der Interpretation bedient), und wie das diakonische Denken nicht ein Weniger an Denken ist (vielmehr die Gesetze der Logik respektiert und keineswegs intellektuelles Zungenreden treibt oder sich einem dadaistischen Kult des Paradoxes hingibt), genauso ist die geistliche Rhetorik bei Spurgeon nicht ein Weniger an Redekunst und handwerklichem Können, sondern ist Gegenstand angestrengten Trainings und benutzt das Wissen über die Physiologie des Kehlkopfes und die Psychologie des Hörers. Nur eben: Diese heidnische Rhetorik wird getauft und in das Handeln der Gemeinde Jesu Christi aufgenommen.

Auch hier setzt Spurgeon unsere heutige Verkündigung einer kritischen Befragung aus: Haben wir die fromme Erkenntnis, daß nicht wir, sondern daß das Wort selbst sich zum Hören bringt, nicht zum »Deckel der Bosheit«, nämlich der rhetorischen Faulheit, gemacht? Ist es nicht eine mißverstandene Rechtfertigungslehre, wenn wir das »allein durch den Glauben« zu einem Verzicht auf die Werke und darum auch auf das rhetorische Werk werden lassen? Wenn jemand lauter und rein das Wort Gottes predigt, die Bänke sich aber leeren oder die Anwesenden sich dem Kirchenschlaf hingeben, so sind wir allzu leicht bei der Hand, aus dieser Not unserer Erfolglosigkeit die Tugend der Selbstbestätigung zu machen und von dem notwendigen Ärgernis zu reden, das eben die Predigt des Evangeliums begleite. Wir haben ein großes Talent, uns einzureden, daß nicht nur die Steine zu schreien, sondern daß auch die leeren Bänke für uns zu zeugen vermögen. Und doch ist es möglicherweise nur der miserable Aufbau unserer Predigt gewesen, der es bewirkte, daß ihr niemand, der auf geistige Ordnung Wert legt, ohne quälende Friktionen seiner Vernunft zu folgen vermochte und es schließlich aufgab. Vielleicht war es auch unser lahmes Organ, das die Menschen veranlaßte, ihrem Schlafreiz lieber in der Kirche als zu Hause nachzugeben. Oder wir standen wie ein Stockfisch auf der Kanzel, oder wir ruderten mit den Armen umher oder drohten monoton mit den Fäusten, oder unser Gebiß klapperte — kurz: Wir prüften und wir pflegten das Instrumentarische nicht. Wir *trauerten* nicht um das schlecht gebrannte, poröse »irdene Gefäß« unserer vermurksten Disposition und unserer rhetorischen Kümmerlichkeit, sondern wir fanden — welche geistliche Perversion! — ein Vergnügen daran, weil die Kümmerlichkeit des Gefäßes ja nur den Schatz zu betonen schien, den es enthielt.

Die kirchliche Institution und die Berufstheologen haben ja manchmal den seltsamen Hang, alles, was einmal mit heidnischen Sinngehalten erfüllt war, nun in alle Zukunft

für den »schwarzen Mann« zu halten und zur Ursache liebe- und angstvoll kultivierter Komplexe zu machen: Wie lange war für uns die *Naturwissenschaft* so ein schwarzer Mann, nur weil diese einmal — indem sie physikalisch den in sich geschlossenen Kräftehaushalt der Natur vertrat — die These von der »in sich ruhenden Endlichkeit« aufstellte und darum gegen Einbrüche aus dem Jenseits, etwa »übernatürliche« Wunder, polemisierte. Wir aber verwarfen seitdem nicht nur den weltanschaulichen Mißbrauch der Naturwissenschaft, sondern wir machten sie selbst zum Gegenstand unseres Mißtrauens, hängten unsere Angstkomplexe an ihr auf und konnten schließlich unsere Einbuße an intellektueller Glaubwürdigkeit nicht mehr so einfach rückgängig machen, als die Naturwissenschaft sich zuletzt nicht mehr übersehen ließ und uns endlich ein posthumes, aber immer noch süß-saures »Ja« abnötigte.
Genauso ist uns die *geistliche Rhetorik* zu einem solchen »schwarzen Mann« geworden, nur weil es sie schon bei Demosthenes, Seneca und anderen Heiden und überdies (horribile dictu!) — bei den Katholiken gab. Das letztere Vorkommen scheint sie besonders zu kompromittieren: denn zeigt die hier — vorzüglich bei den Jesuiten — so liebevoll kultivierte Redekunst nicht deutlich genug, daß das Rhetorische unter den Fluch der cooperatio — das heißt der partnerschaftlichen Mitwirkung des Menschen an seinem Heil — und also einer häretischen Rechtfertigungslehre fällt? Verzichtet man anerkanntermaßen nicht in diesen Kreisen darauf, das Wort *allein* (solum!) wirken zu lassen? Kommt man ihm nicht durch menschliche Initiative, durch rednerische Bemühung, durch Eindruckschinden, durch Akte der Faszination und durch Überredungstechnik zu Hilfe?
Es ist lehrreich und gibt zu denken, daß man auf alle diese kritischen Einwände haargenau mit jenen Entgegnungen antworten kann, die der Paulus des Römerbriefs wider die libertinistischen Nutznießer seiner Rechtfertigungslehre und die Luther wider die Antinomer verwendet: »Wie nun?

Sollen wir sündigen« — sollen wir rhetorisch schludern! —, »weil wir nicht unter dem Gesetz, sondern unter der Gnade sind? Das sei ferne! Wisset ihr nicht: welchem ihr euch als Knechte ergebet zum Gehorsam, dessen Knechte seid ihr ...?« (Römer 6, 15. 16). Das heißt doch: dem gehört ihr mit allem, was ihr seid, habt und könnt, also auch mit euren rhetorischen Mitteln. Die Freiheit in Christus ist kein Druckposten für die Faulen. Und die Gnade, der man sich nicht zum Dienst verschreibt, sondern die man als Freibrief für christlichen »Murks« und dilettantisches »Wursteln« mißbraucht, degeneriert aus einer teuren zur billigen Gnade.

Spiritualität und Naturnähe

Spurgeon nötigt uns durch die Art, wie er als ein geistlich Gegründeter und gerade nicht auf Effekthascherei Bedachter die Rhetorik ernst nimmt, diese Frage theologisch neu zu durchdenken. Es genügt nicht, wenn eine theologische Fakultät diese Aufgabe des Rhetorischen, ein wenig schamhaft, einem pensionierten Schauspieler überträgt. Die Rumpelkammer neben dem theologischen Hörsaal — so können Natur und Gnade jedenfalls nicht zusammen gesehen werden!

Die körperliche Natur des Menschen hat aber noch andere Beziehungen zur geistlichen Existenz:

Während sie in der Rhetorik in Gestalt von Stimme, Blick und Gestik gleichsam die letzte Phase ist, in der ihr Äußerungsprozeß ausläuft, ist sie umgekehrt auch in jenen Vorhöfen »zu Hause«, die erst durchschritten werden müssen, wenn es so etwas wie geistliche Gesundheit geben soll. Das besagt ohne Bild:

Weil der Mensch *total* von seinem Dienst in Anspruch genommen wird, muß auch seine leiblich-natürliche Seite auf den Dienst hin geordnet werden. Wir gewinnen nämlich geistliche Gesundheit keineswegs nur so, daß wir fortgesetzt beten oder meditieren oder uns in blindwütiger Diensthingabe verzehren, sondern nur so, daß wir auch der geschöpflichen Seite unseres Lebens ihr Recht widerfahren lassen, daß wir sozusagen nicht nur »Wiedergeborene«, sondern zunächst einmal ganz schlicht »geborene« Menschen zu sein wagen. »Lange in einer Stellung sitzen, über ein Buch gebeugt oder schreibend«, noch dazu »in einem schlecht gelüfteten Zimmer« und mit einem »Körper, der schon lange ohne eine Muskelbewegung war«, und endlich »ein von vielen Sorgen gedrücktes Herz — da haben wir alle Bestandteile für einen Kessel voll Schwermut, besonders zur Zeit der Herbstnebel.« So wird unsere Studierstube uns statt zu einem Raum des Dienstes zum »Gefängnis« und unsere Bücher statt zu Gehilfen unserer Freude zu »Gefängniswärtern«. »Ein kräftiger Schluck Seeluft oder ein tüchtiger Spaziergang im Wind füllt zwar nicht die Seele mit Gnade, aber doch den Körper mit Sauerstoff, was das nächstbeste ist.« *Das* ist die Zuordnung von Natur und Seele, wie Spurgeon sie sieht!

Sauerstoff und Gnade: Es gehört eine gewisse Souveränität gegenüber den Denkgewohnheiten der Theologie dazu, um so wunderbar ungeschützt das Verschiedenartige nebeneinander zu stellen. Und doch ist es ja das gleiche, was dem Denken der Theologie auch als Zwiespalt zwischen dem ersten und dem zweiten Artikel erscheinen möchte und was wir dennoch als Einheit *vor* allem Denken im Glauben ergreifen. Gott läßt keine Hohlräume in seiner Welt, die sich selbst überlassen blieben, und der horror vacui, den die Natur kennt, ist nur eine Abschattung jener Leidenschaft Gottes, das Leere zu füllen und seinen Geist über der Tiefe — über *jeder* Tiefe! — schweben zu lassen. Auch unsere Natur darf nicht leer und sich selbst überlassen bleiben, sondern muß ihn loben und an ihn gebunden sein, um ein Tempel des Heiligen Geistes und ein Instrument seiner Taten zu sein.

Es wäre in diesem Sinn wohl fast blasphemisch, vor den Anfechtungen der Hypochondrie, der fleischlichen libido, der Komplexe und der Traumata einfach in das Heiligtum zu fliehen und in *dieser* Gestalt eines »Betens ohne Unterlaß« die Hörner des Altars zu umfassen. Das hieße doch, die Natur leer zu lassen und die Stufen der Schöpfung zu überspringen. Auch hier sind uns Indirektheiten und Umwege aufgegeben, sofern wir die Gnade nicht dazu mißbrauchen wollen, uns vor der Rache einer Natur zu bewahren, die wir verachtungsvoll in die Ungnade verstoßen haben. Wir sollen nicht kurzschlüssig sagen, daß Gott in den Schwachen mächtig sei, daß er »den Müden Kraft und Stärke genug den Unvermögenden« gebe (Jes. 40, 29), sondern wir sollen Macht, Kraft und Stärke beim »Farrenkraut und den Kaninchen«, bei den »Bächen und den Forellen«, bei den »Primeln und Veilchen«, beim »Bauernhof und bei frischem Heu« suchen. Denn das alles sind indirekte Mittel der gleichen Gnade, die sich freilich auch unvermittelt dem Anruf unseres Seufzens zu erschließen weiß. Das Seufzen selbst aber legitimiert keineswegs zu jenem unmittelbaren Empfang, wenn es nicht gleichzeitig fragt, ob es vielleicht nur den gestauten Säften, der Verhocktheit und der Verschimmelung unserer Seele entstammt. Die Heilsarmee pflegt zu sagen, daß jemand, der kalte Füße und einen leeren Magen habe, schlecht das Evangelium zu hören vermöge. Darum versammelt sie die Brüder von der Landstraße um den brotzelnden Ofen und gibt ihnen eine heiße Suppe. Und der Herr selbst bindet in gewaltigem Spannungsbogen die Bitte um die tägliche Brotration mit der Bitte um das kosmische Ereignis des kommenden Reiches zusammen.

So sieht auch Spurgeon die Zusammenhänge: Füße, Magen und alle Säfte — heute würden wir sagen: das ganze endokrine Drüsensystem — sollen Gott loben und zu seinem Dienst in Ordnung gehalten werden. Daß wir vor lauter Eifer um das Haus des Herrn doch keine naturfremden Schwärmer würden! Daß unser Leib nur ja nicht — paradoxerweise ad maiorem Dei gloriam — zu einem Sumpf werde, aus dem Blasen der Trübsal steigen, und daß wir

dann doch nicht, statt das Verödete zu kultivieren, nur bigott darum flehen, der Geist Gottes möge so freundlich sein und auch über *diesem* trüben Gewässer schweben!
Sicher gehört es deshalb zum Dienst eines Predigers und eines Lehrers der Prediger, daß er gegen die Verkrampftheit kämpft. Denn sie ist bei Christen ein Zeichen, daß sie im unbewältigten Zerrungsgürtel von Natur und Gnade existieren und die Zäsur zwischen dem ersten und dem zweiten Artikel nicht überwunden haben. Daß sie *theologisch* mit dieser Frage noch nicht ins reine gekommen sind, stellt nicht einmal den Kern dieses Schadens dar. Denn die Reflexionsgestalt unseres Glaubens darf ruhig ein bißchen hinter dem Glauben selbst herhinken.
Der Schaden Israels steckt aber in den Brüchen der geistlichen Existenz selbst. Sie müßte erlöster *aussehen* (!), wenn wir die Nachricht von der Erlösung glauben sollten (Nietzsche). Das erlöste Aussehen — wir wollen hier freilich keine christliche Physiognomik treiben! — setzt aber ganz gewiß Entkrampfung voraus. Und von dieser gilt nun das gleiche, was wir vorher über das Verhältnis von Natur und Gnade sagten: daß auch unser Verhältnis zur Natur geordnet werden müsse. Der Hypochonder und Verhockte kann keine »Freiheit eines Christenmenschen« demonstrieren, selbst wenn er mit ewig lächelndem Kasualiengesicht durch seine Gemeinde läuft. Aber auch der, der bei Nennung des Namens »Jesus« eine Gehemmtheit zu überwinden hat, kann jene Freiheit nicht demonstrieren, selbst wenn er pausbäckig alle christologischen Prädikate hinausschmettert. So kann die Bedrohung unserer Glaubwürdigkeit von oben *und* von unten kommen.
Hier hilft es auch wenig, wenn wir das Richtige über Natur und Gnade *sagen;* es kommt wohl mehr darauf an, *wie* wir es sagen: Wir haben nicht nur *über* die Weltüberwindung zu predigen, sondern die Art und Weise des Redens *selbst* muß bereits ein Modus der Weltüberwindung sein. Sonst gleichen wir dem Mann, der, statt ins Paradies zu führen, nur einen Vortrag über das Paradies hält.

Das »Wie« unserer Verkündigung — Der Stellenwert dieser Frage

Wenn wir deshalb über dieses »Wie« des Redens bei Spurgeon sprechen, wäre es ganz falsch, auch hier wieder nur die geniale Anwendung von exemplarischen Kunstregeln zu sehen und entsprechend zur Nachahmung aufzurufen. Sicher geht es hier *wirklich* um eine geniale didaktische Behandlung der Frage: »Wie sage ich's meinem Kinde?«, »Wie komme ich an?« Doch das eigentliche Geheimnis dieses »Wie« sitzt viel tiefer; und für den, der dieses Geheimnisses nicht teilhaftig ist, oder besser: der nicht am *Ort* dieses Geheimnisses existiert, bleibt die Anwendung jener Regeln unerschwinglich, denn schon das »Wie« dieses Redens ist nichts Geringeres als eine Kundgabe der Erlösung. Sage mir — nicht nur *was*, sondern — *wie* du redest, und ich will dir sagen, ob du der Erlösung teilhaftig bist.

Daraus würde folgen, daß das »Wie« des geistlichen Redens nur eine Art Nebenprodukt der geistlichen Existenz ist, und daß man es nicht für sich haben und sich darum auch nicht in Form von rhetorischen Rezepten verschreiben lassen kann. »Trachtet am ersten nach dem Reiche Gottes und nach seiner Gerechtigkeit, so wird euch alles übrige« — auch die rechte *Weise* eures Redens — »zufallen.« Es würde allerdings von einer irrigen Zusammenordnung von Gesetz und Evangelium zeugen, wollte man daraus schließen, daß es bei der Entstehung des rechten »Wie« nur um einen automatischen Prozeß gehe, der keiner Überwachung bedürftig sei. Dann stünden wir wieder bei der Faulheit der Leute von Römer 6, die die Gnade zu verherrlichen wähnen, indem sie die Hände in den Schoß legen. Auch hier ist dem Indikativ »Du bist erlöst« der Imperativ zugeordnet: »Nun achte darauf, daß dein Reden ein *Modus* dieser Erlösung sei.« Die Einzigkeit des Zuspruches Gottes und die Pluralität seiner Ansprüche — dargestellt in den Geboten und in vielerlei Ermahnungen — haben ja ihren

Grund darin, daß das erneuerte Herz nun das Blut in alle unsere Gliedmaßen pumpen soll, und daß *alle* Bereiche unserer Existenz diesem Kreislauf einbeschlossen werden.

Wir würden deshalb die klassische Frage nach dem Verhältnis von Glauben und Werken viel besser dahin abwandeln, daß wir von dem Verhältnis von erlösten und unerlösten *Bereichen* in uns sprächen. Denn die pluralistische Struktur des modernen Lebens, die uns zwar vielfältig, aber immer nur partiell beansprucht, besteht in der Schizophrenie unseres Bewußtseins, genauer: im geistlichen Selbstwiderspruch unserer Existenz. Wir sind im *einen* Lebensbereich, etwa im kirchlichen Sektor, Christen: im anderen, etwa dem wirtschaftlichen, geben wir einer unnormierten Eigengesetzlichkeit Raum. Hier wird die Zuordnung von Indikativ und Imperativ zwar nicht grundsätzlich, aber in ihrer formalen Struktur auf neue Weise aktuell: so gewiß nämlich in ihr die Aufforderung liegt, den *ganzen* Menschen als Gegenstand der Erlösung zu sehen und darum die Hinordnung der einzelnen Dimensionen seines Daseins *auf* diese Erlösung hin zu überwachen.

Zu diesen Bereichen gehört auch der Raum des Zeugnisses. »Wes das Herz voll ist, des gehet der Mund über« — gewiß! Wer sich aber des vollen Herzens getröstet und sich auf die Selbstverständlichkeit dieses »Überschwappens« verläßt, dem kann es passieren, daß er farblos von den Farben, dissonant von den Tönen und duftlos von den Gerüchen spricht. Wie mancher Prediger, dessen persönliches Zeugnis unter vier Augen lebendig sein kann, wirkt wie ein lebender Leichnam, sobald er die Kanzel betritt. Hier verwirklicht sich die Gefahr, daß der Lebensbereich der Verkündigung nicht in den Kreislauf der neuen Schöpfung eingefügt ist, und daß die Imperativ-Überwachung des Indikativs nicht klappt.

Das mag verdeutlichen, in welchem Maß das »Wie« unseres Redens in den Vollzug der geistlichen Existenz hineingehört und daß nicht nur das »Was«, sondern eben auch dieses »Wie« unseres Redens Zeugnis ablegt und verhärtet, aufschließt und zuschließt, glaubwürdig macht und den Glauben blockiert.

Der Humor als Modus der Erlösung

Das »Wie« unseres Redens als Modus der Erlösung — das klänge sehr revolutionär, wenn es nicht die abstrakte Formulierung dessen wäre, was in Spurgeon als lebendige Erscheinung vor unseren Augen stände. Dieses »Wie« seiner Rede, das schon als ein solcher Modus die Erlösung verkündet, ist durch zwei Charakteristika bestimmt: durch seine *Heiterkeit* und durch seine *Weltlichkeit.*

Indem es heiter und humorvoll ist, vollzieht es die Entkrampfung, von der wir sprachen. Dabei ist Heiterkeit nicht eine Zugabe, die eine glückliche Gemütskonstitution der Gnade — als ein donum superadditum — zur Verfügung stellte, sondern diese Heiterkeit ist so etwas wie eine Selbstdarstellung der Gnade. Denn sie ist das Zeichen von Distanz und Weltüberwindung, die sie gewährt. Die Heiterkeit Spurgeons zeugt deshalb nicht von seinem »goldigen Humor« als einem natürlichen Charisma, sondern sein Humor bezeugt die *Gnade,* die an ihm wirksam ist.

Natürlich ist dieser Humor auch ein Geschenk der Natur, deren sich die Gnade als des Bereichs ihrer Mittelursachen bedient. (Ich bitte zu verzeihen, daß ich einen Augenblick so scholastisch von den causae secundae spreche!) Aber diese Natur ist eben in Dienst gestellt. Das Gegenbeispiel haben wir bei den Predigern, die zwar in ihrer natürlichen Konstitution ebenfalls über »sonnigen Humor« verfügen, ihn aber nur bei einer Cocktailparty oder bei beschwingten Hochzeitsfeiern sich auswirken lassen, während sie auf der Kanzel nur die Geräuschkulisse des Donnerwetters und die düsteren Farben der Apokalyptik zur Verfügung haben. Die Naturgabe des Humors ist noch kein Zeugnis, sie ist allenfalls — um das frühere Beispiel Spurgeons abzuwandeln — Sauerstoff, aber nicht unbedingt Gnade. Und die säkularisierte Hochzeitsgesellschaft stellt nachher vielleicht voll Mitgefühl fest: Schade, daß er Pfarrer geworden ist, wo er doch einen so »goldigen Humor« hat!

Der Humor Spurgeons ist ein Modus der Erlösung, weil er geheiligt ist, weil er aus der Weltüberwindung stammt und darum auch als Weltüberwindung wirkt. Deshalb steht er hier repräsentativ dafür, in welchem Maß das »Wie« unseres Redens Zeugnis sein kann. Kein Wunder deshalb, daß er diesen Humor auch auf die Kanzel bringt und daß die Gemeinde — wie einst in den seligen Zeiten des Ostergelächters der Kirche, des sogenannten »risus pas-chalis!« — schallend mitlacht. Kein Wunder aber auch, daß viele daran Anstoß nehmen, wenn die gewohnt feierlichen Riten der Hochkirche — viele kommen ja aus ihr! — durchstoßen werden und das Reich Gottes plötzlich nicht nur im Herzen, sondern auch am Zwerchfell auftaucht, um selbst dieses Stücklein der Natur zu beschlagnahmen. Das Wort wird eben unbedingt und radikal Fleisch, und wenn ich gewagt sprechen darf, möchte ich sagen: selbst bis in *diese* Bezirke der Anatomie. Nur wem nichts Menschliches fremd ist, der kann die Menschwerdung Gottes glaubwürdig verkündigen. Denn wenn ich lachen muß, kann ich mich nicht mehr ästhetisch verhalten, was bei einem Übermaß liturgischer Zeremonien immerhin noch möglich sein könnte. Ich kann schweinisch lachen oder ich kann im Lachen unter die Engel entrückt sein, nur *gleichgültig* bleiben kann ich nicht. Das Lachen ist immer eine Form des Engagements — so oder so. Und wenn ich schon von Haus aus ein lustiger Mensch bin, dieser Funke aber nicht aus meiner Predigt blitzt, dann wäre das nur ein bedenkliches Zeichen dafür, daß ich in einem wesentlichen Stück meines Temperamentes eben *doch* nicht von dem engagiert wäre, was ich sage.

Indem Spurgeon auf der Kanzel heiter ist, gibt er sich selbst und ist mit seiner gesamten Natur in die Predigt gekrochen. Wer das Interesse, das »Dabei-sein« seiner Hörer finden will, muß eben vor allem selbst dabei sein. Nur der selbst Engagierte lockt in ein Engagement. Das Selbst-dabei-Sein ist der wesentliche Erweis jener Glaubwürdigkeit, die ermächtigt ist, zum Glauben zu rufen. Gerade darum ist das »Wie« der Verkündigung selbst Verkündigung.

Sollten wir denn — so möchte Spurgeon wohl in den vielfach tierischen Ernst des heutigen Kirchenbetriebes hinein fragen — sollten wir denn nur die Falten des Ernstes als Wahrzeichen des Glaubens verstehen und nicht auch die Lachfältchen um die Augen? Ist denn nur der Ernst getauft und ist das Gelächter heidnisch? Wir haben schon genug des Guten aus der Kirche entlassen und manche Perlen vor die Säue geworfen. Es ist schlimm um eine Kirche bestellt, die auch das Lachen aus dem Heiligtum verbannt und es dem Kabarett, den Stammtischen und den Conférenciers überläßt.

Auf der gleichen Ebene des »Wie« beim Humor liegt auch das *Interessante.* Wenn wir es, etymologisch völlig zu Recht, als eine Weise jenes Dabei-seins interpretieren, wie es auch dem Humor eignet, verliert es jeden Beigeschmack des Gekünstelten und der gewollten Attraktion. Dann ergibt es sich vielmehr aus einem Verhältnis zur Sache. Daß dann das Interessante, wenn es einmal als diese Sachbezeichnung erkannt und in seinem Effekt, Aufmerksamkeit zu erzwingen, entdeckt ist, nun auch eine gewisse rhetorische Pflege erfährt, ist kein methodischer Trick, sondern hängt mit dem geschilderten Verhältnis von Indikativ und Imperativ zusammen. Darum gibt Spurgeon seinen Predigten thematische Schlagworte mit, die neugierig machen, »Der goldene Maulkorb« etwa (über Apg. 4,14) oder das rätselvoll schillernde »Vielleicht« (über Zeph. 2,3).

Und doch wäre es ganz verkehrt, wollte man ihn der sogenannten »Themapredigt« zeihen, die die Fülle des

Textes verengt und den Text nur als Illustration oder — schlimmer noch! — als »Refrain« für die Kanzeldarbietung mißbraucht. Das Thema ist für ihn nicht *mehr* als ein bloßes Stichwort, das irgendeinen Schwerpunkt im Textablauf andeutet, nicht mehr. Das Thema hat nur die Bedeutung eines Glockenläutens, das die Leute zusammenruft. Sie werden sich noch wundern und es eben doch nicht an den Glocken ablesen können, was in den Texten verborgen ist und was sie also zu hören bekommen werden.

Auch die ersten Sätze seiner Predigten sind überaus pointiert, in seiner Jugend sogar manchmal ausgefallen. Sie sind wie ein Akkord oder eine Dissonanz, die ein Pianist zu Beginn des Konzertes anschlägt, um sich Stille zu verschaffen.

Gegenüber der Drastik hat er im übrigen keinerlei Hemmungen. Es gibt keine Farbe, die er nicht auf seiner Palette hätte, von der zartesten bis zu den grellen. Ist nicht auch das Wort Gottes ein Hammer, der Felsen zerschmeißt (vgl. Jer. 23, 29), und ist es andererseits nicht wieder im stillen, sanften Säuseln (vgl. 1. Kön. 19, 12)? Er hat sie ja *alle* unter seiner Kanzel: die Dickfelligen und die Zarten, die Sicheren und die zerschlagenen Gemüter, die intellektuell Hochgestochenen und die Leute mit der primitiven Bildschicht. Darum muß er Äolsharfen schlagen und den Holzhammer schwingen können; darum muß er fein argumentieren und zugleich in groben Strichen malen können.

Sicher täte man Spurgeon Unrecht, wenn man hier das Rezept »Für jeden etwas« wirksam sähe. Indem er jedes in seiner Art sucht, ist es die *Liebe,* die seine Palette mit Farben füllt. Ganz gewiß ist es auch hier wieder seine farbige, formenreiche Natur, die ihm die Bilder und Exempel zufließen läßt. Wäre er nicht mit allem, was er ist und kann, in seine Botschaft hineingeschlüpft, so wäre er vielleicht ein großer Erzähler mit einem unwirklichen Reichtum an Landschaften und Figuren geworden, während seine Predigt lehrhaft und trocken und nur künstlich mit einigen Rosinen aus angelesenen »christlichen Beispielschätzen« angereichert worden wäre. Ich konstruiere dieses Monstrum eines entarteten Spurgeon, um auch an dieser Stelle noch einmal auf die Ambivalenz der Natur und ihrer Gaben hinzuweisen. Auch die natürliche Phantasie Spurgeons ist getauft. Denn die Gleichnisse fließen ihm nicht deshalb zu, weil er sie ad hoc zusammengesucht hätte, um sich die Arbeit der Illustration aufzuerlegen, sondern sie fließen ihm zu, weil er das Leben ständig mit den Kategorien und Anschauungsformen des lebendigen Christen sieht und weil die Vorbereitung ad hoc nur aus dem Vorrat dessen auszusortieren braucht, was ihm vom Montag bis zum Samstag im Anschauen transparent geworden ist. Er angelt nicht nach der Bildschicht seiner Zuhörer, um ihr etwas unvergeßlich einzuprägen, sondern er faßt nur in Worte, was seine eigene Bildschicht empfangen hatte.

Die Weltlichkeit der geistlichen Rede

Das zweite Kennzeichen des »Wie« der Spurgeonschen Rede ist ihre *Weltlichkeit.* Sie ist in sich selbst überaus vielschichtig.
Die Hörer, die aus den Bezirken des üblichen, liturgischen Gottesdienstes kamen, mußten so etwas wie den Schock eines Wechselbades an sich erleben. Heute würde man vielleicht von einem Verfremdungseffekt sprechen, wenn sie die Botschaft, ihres sakralen Gepräges entkleidet, im Alltagsgewand auf sich zukommen sehen müßten.
Das fing schon beim Raum des Metropolitan Tabernacle und alledem an, was da vor sich ging: ein riesiger weltlicher Raum ohne kirchlichen Schmuck, ohne Marmorsäulen, Leuchter und andere kirchliche Zutaten. Der Prediger im einfachen schwarzen Rock und also gar nicht nach der Devise gekleidet: Laßt Textilien sprechen! Sogar die weiße Binde hat der ältere Spurgeon abgelehnt.

Nicht, als ob wir das in der Absicht erwähnten, es als vorbildlich zu bezeichnen und zwischen den Zeilen zu einer kleinen Bilderstürmerei aufzurufen. Es geht uns nur darum, eine Seite der Verkündigung sichtbar zu machen, die möglicherweise bei uns zurücktritt und von der ich im übrigen glaube, daß sie durchaus im Rahmen eines — freilich nicht *allzu* »reichen« und *allzu* traditionsprotzenden — lutherischen Gottesdienstes zur Geltung gebracht werden könnte. Der Sinn dieser architektonischen und gottesdienstlichen Weltlichkeit war es sicher, zeichenhaft anzudeuten, daß die Hörer sich nicht über die Welt hinauszuschwingen brauchten, sondern nur einer Oase der Stille *inmitten* der Welt teilhaftig werden sollten. Der Raum war eine architektonische Demonstration der Botschaft, daß das Wort Fleisch geworden und mitten in die Welt gekommen war. Und indem man es so überaus deutlich auch inmitten der Welt empfing, mußte es schwer sein, es als unzuständig wieder von sich abzuschieben, wenn man in seine weltlichen Geschäfte zurückkehrte.
So wie dieser Raum war, so redete nun auch der Mann, der auf der Kanzel stand. Die unerhörte Akustik des Saales enthob ihn der Notwendigkeit, zu schreien und in jenen singenden Tonfall und jenes Kanzelpathos zu verfallen, zu dem die alten Dome — vor allem, wenn sie schlecht gefüllt sind — so leicht verführen. Was als ein Erfordernis, den Raum auszuschallen, beginnen mag, endet ja allzu leicht als die Neigung, das Energiepedal zu treten und damit eine akustische Form der cooperatio zu vollziehen. Dieser Raum gestattete Spurgeon, gelockert und fast im Konversationston zu sprechen. Sein völliger Mangel an Pathos ließ seine Botschaft in Worten und in einem Ton erklingen, wie sie den Menschen aus dem Alltag vertraut waren und in einem Gespräch üblich sein mochten.

Drei Gesichtspunkte scheinen mir wesentlich zu sein, um diese Weltlichkeit von Spurgeons Predigt theologisch zu würdigen.

Erstens: Indem Spurgeon mit seiner Botschaft in die Welt eingeht und unter ihren klimatischen Bedingungen auftaucht, erfüllt er den Ursinn des Evangeliums als einer Abholung. Denn der Sinn der Menschwerdung Jesu Christi ist doch der — wie es Tillich einmal ausgedrückt hat —, daß Gott »unter den Bedingungen der geschichtlichen Wirklichkeit« auftaucht und sich in Solidarität mit »seinem« Menschen ihrem Druck stellt, daß er an der Seite des Menschen steht. Dieser, sein Mensch, muß nun nicht mehr in einen Tempel, in ein sakrales Reservat Gottes, wandern, er bedarf keiner besonderen Askesen, Aufschwünge, Emporläuterungen und sonstiger Weisen geistlichen Trainings, um zu ihm zu kommen, sondern er empfängt umgekehrt die Ankunft seines Herrn auf *seinen* Märkten und an *seinen* Zäunen, kurz: er wird abgeholt. Sicher bleibt Gott in alledem zugleich auch der »ganz andere«, der in kein menschliches Schema einzufangen ist. Und wenn es *etwas* in der Geschichte der Christenheit gibt, das für diese nicht einzuordnende »Sperrigkeit« Gottes zeugt, dann ist es das Scheitern jeder Gestalt von Zweinaturenlehre, die den Versuch macht, die göttliche und die menschliche Natur in einem Gedanken-Schema zusammenzudenken.

Wenn nun die Gestalt des Gottesdienstes dieser Doppelseitigkeit der Realität Gottes — dieser Nähe Gottes und diesem Ganz-anders-Sein — zum Ausdruck verhelfen soll, so wird *beides* Gestalt gewinnen müssen: die liturgisch dargestellte Majestät Gottes, die über die Zeiten hinwegreicht und in der Sprache der Tradition den Augenblick überbietet, *und* jene Nähe Gottes auf unseren Märkten und an unseren Zäunen.

Sicher ist Spurgeon, wenn er in Vokabular, Phonetik und Satzgefälle nur die Abholungsseite des Evangeliums und damit die »menschliche Natur« artikuliert, ebenso einseitig wie die reinen Liturgiker, die — jedenfalls im *Wie* ihrer Verkündigung — entschlossen der theiotes (der Gottheit) zugewandt sind. Ich erwähne diese Einseitigkeit Spurgeons bewußt, um den Anschein zu vermeiden, als wolle ich ihn in einem allzu direkten Sinn zum beispielhaften Vorbild einer evangelischen Verkündigung machen. Der Paradoxie der Einheit von Gottheit und Menschheit in Christus muß, so meine ich, im ebenso spannungsvollen Neben- und Miteinander eine liturgische Traditionsgebundenheit auf der einen und eine geschichtliche Augenblicksnähe der Predigt auf der anderen Seite entsprechen. Das Gleichgewicht zwischen beiden wird aber geschichtlich ebensowenig ein gegebenes Perfectum werden wie die Balance des Göttlichen und des Menschlichen in der Zweinaturenlehre. Geschichtlich gesehen wird es vielmehr immer so sein, daß dieses gottmenschliche Geheimnis nur in einem Spiel von Korrektiven in unsere Aussagen eingefangen werden kann. Im Hinblick darauf würde ich allerdings meinen, daß wir besonders jenes Korrektivs bedürftig seien, wie es durch die weltliche Verkündigung Spurgeons zur Verfügung gestellt ist. Denn die Einseitigkeit *unserer* Generation ist die *liturgische* Komponente und damit die Möglichkeit der schon oben angesprochenen Gegenwartsentnommenheit. Wir haben trotz der immensen Bemühung um homiletische Fragen die Weltlichkeit der Predigt verlernt. Und auch da, wo wir sie als Aufgabe erkannt haben — wie wäre sonst der allgemeine Respekt vor den theologischen Grundsätzen Dietrich Bonhoeffers zu erklären? — will sie uns weithin nicht gelingen.

Daß das Programm der weltlichen Predigt so immer wieder scheitert, hat sicher tiefere Gründe als ein bloß handwerkliches Versagen im Gebrauch der entsprechenden sprachlichen Mittel. Denn auch wo diese Mittel zur Verfügung stehen — und man hat ja hin und wieder schon Predigten und Andachten erlebt, die sich einer Redeweise schulterklopfender Schnoddrigkeit und des Tones der Asphaltpresse bedienen —, wird man kaum je zu der Feststellung ermuntert sein, daß hier nun das getroffen werde, was man die Weltlichkeit der Predigt nennen möchte. Wir haben vielmehr das etwas peinliche Gefühl eines taktisch-berechnenden Anbiederungsversuches, der gerade *nicht* sachgerecht ist und der durch das Wie seiner Rede das ausgesagte Was gerade kompromittiert.

Auch hier zeigt sich wieder, daß man mit technisch-artistischen Mitteln keine theologische Fehlanzeige ersetzen kann, und daß jene Mittel eben »getauft« und in Dienst genommen sein müssen, um glaubwürdige Instrumentarien zu werden. Diese theologische Fehlanzeige dürfte darin bestehen, daß wir das Evangelium der Abholung aus dem Auge verloren, daß wir das Weihnachtswunder verlernt haben und daß wir darum einem Versuch am untauglichen Objekt zum Opfer fallen, wenn wir das Verlorene nun mit »christlicher Religion« volksmissionarisch aufholen wollen und die Säkularisation mit ihren eigenen Mitteln zu schlagen wünschen. Alle Bemühungen um eine lebensnahe Predigtsprache sind so lange illusorisch, wie wir das Was des Wunders von Bethlehem nicht theologisch neu durchbuchstabiert haben. Auch das weltliche Wie der Predigt kann uns nur »nebenbei« zufallen, wenn wir zuvor die Weltlichkeit Gottes und damit den Satz »Also hat Gott die Welt geliebt« neu zu hören gelernt haben.

Spurgeon kann uns in diesem Dogma von der Weltlichkeit Gottes unterrichten, und zwar in beidem: nicht nur in dem, was er darüber *sagt*, sondern auch darin, wie er mit seiner Gemeinde *handelt*. Denn er *redet* nicht nur weltlich, sondern er *geht* auch mit den Seinen in die Welt. Er geht mit seinen Studenten aus dem Pastor's College wirklich auf die Straßen, an die Zäune und auf die Märkte. Er taucht in den fragwürdigsten Vierteln und Slums von London auf und holt sich die Kinder von der Gosse. Soweit ich beobachten konnte, hält er dabei nirgendwo eine Spezialpredigt mit Richtstrahlern auf die jeweiligen Besonderheiten seiner Hörerschaft, sondern er hat immer denselben Stil, ganz gleich, ob er zu den Theologen seines Colleges, ob er zu einer »gewachsenen« Gemeinde irgendeiner Kirche oder ob er vor dem riesigen Forum seines Tabernacle spricht, in dem Proletarier und Unternehmer, Aristokraten und

Kleinbürger in bunter Schar zusammensitzen. Die echte Weltlichkeit vermag immer die gleiche zu bleiben, denn die Zäune und Gossen, die Keller und Grüfte sind in jedem Leben gleich, und die Mächte der Schuld, des Leides und des Todes stellen überall die gleichen Fragen. Sie alle, die da versammelt sind, hören wie an Pfingsten in *ihrer* Sprache die großen Taten Gottes preisen.

Zweitens: Das »Wie« des weltlichen Redestils hat noch in anderer Hinsicht Zeugniskraft:
Nur jemand, dem das, was er sagt, sehr vertraut und nahe ist, kann darüber im weltlichen Konversationston und »ganz natürlich« reden. Nur weil die Botschaft hier als etwas auftaucht, was einem Menschen fühlbar eingestückt ist, wirkt sie glaubwürdig und erscheint auch dem Skeptiker hörenswert. Denn hier ist ein Mensch wie du und ich, der mit dieser Botschaft lebt und der offenbar ausprobiert hat, daß man mit ihr leben *kann.* Darum wirkt das beiläufige, in einen Nebensatz eingeschlossene Zeugnis eines Weltmenschen manchmal mehr als die durchdachte, programmatische Rede des »professionellen« Zeugen.
Hier muß ich ausdrücklich ein mögliches Mißverständnis abwehren: daß nämlich die Weltlichkeit dieses Sprechens mit seinem natürlichen Fluß eine Angleichung an die Welt bedeute und so dem notwendigen Anstoß und Ärgernis aus dem Weg gehe. Genau das Gegenteil ist richtig:
Man kann in traditioneller Schulsprache die ungeheuerlichsten Dinge von der Kanzel herunterrufen — sogar daß Christus auferstanden sei! —, ohne daß etwas anderes passiert als das gelangweilte Ja zum kirchlichen Routinevokabular. Der sprachliche Doketismus ärgert nie, weil er nicht unter die Haut geht. Er wirkt nur wie die Reportage, »daß fern in der Türkei die Völker aufeinander schlagen«, während ich in meiner Entnommenheit »Fried und Friedenszeiten« loben und mit Behagen »mein Gläslein austrinken« kann. Hier geht es nicht um die schicksalhafte Betroffenheit, in der ich *mein* Todesurteil oder *meinen* Freispruch

vernehme. Auch der vielleicht mit Pathos hinzugefügte Refrain »Das geht *dich* an!« nutzt hier gar nichts, wenn das Explosive nicht in der Sache selbst steckt und zur Entzündung gebracht wurde.

Aber auch das andere ist wahr: Wer »nur« ein Gleichnis Jesu so erzählt, wie man vom Wetter oder von einem Klinikbesuch oder von der nächsten Wahl spricht, löst einen Schock aus, weil das Gesagte nun im vertrauten Raum des Üblichen steht und einem auf den Leib rückt. Nur der auf *diese* Art sich Assimilierende, der Abholende also, erfährt die Bestätigung seiner Bekenntnistreue durch den Widerspruch.

Freilich ist das eine andere Art von Angleichung, als diejenige es ist, die sich *sachlich* den Erwartungen des Hörers fügt. Die Deutschen Christen unter Hitler vollzogen diese sachliche und darum verleugnende Angleichung, indem sie schmerz- und harmlose Synthesen zwischen Christentum und zeitgenössischen Ideologien konstruierten. Die echte, vom Motiv der Abholung bestimmte Angleichung hätte in dieser Lage anders ausgesehen; sie mag an einem Modell veranschaulicht werden:

Wir stellen uns eine damalige Versammlung im Berliner Sportpalast vor, in der ein nationalsozialistischer Redner sich zu antichristlichen Tiraden hinreißen ließ. Wenn da nun jemand aufgesprungen wäre, um als Gegenbekenntnis in den Saal hineinzurufen: »Christus ist der Messias!«, so hätten die Nächstsitzenden vermutlich etwas erstaunt aufgeblickt; viel mehr aber wäre kaum passiert. Hätte aber ein anderer ausgerufen: »Jesus Christus ist der einzige Herr, und alle, die sich aus eigener Kraft zu Göttern machen, müssen samt dem Pseudo-Heiland Adolf Hitler zur Hölle fahren«, so wäre er von der Menge vermutlich in der Luft zerrissen worden.

In Wirklichkeit haben beide dasselbe gesagt. Auch derjenige, der von Christus als dem Messias zeugte, hat implicit damit die Relativierung aller irdischen Größen ausgesprochen und das Gericht über Hitler und Konsorten verkündigt. Aber er tat es chiffriert; denn er sprach in einer esoterisch-kirchlichen Terminologie. Der andere aber sagte es in Angleichung an die Sprache und das Bewußtsein der Versammelten. Er redete im Klartext. Eben deshalb — und *nur* deshalb — erzeugte es Rumor und Ärgernis. Denn das Ärgernis ist kein Zeichen dessen, daß man *nicht* verstanden hätte, sondern es ist das Symptom dafür, daß man nur allzu gut verstanden hat oder wenigstens fürchtet, verstehen zu *müssen.* Auch der Verstockungseffekt der Gleichnisse Jesu (vgl. Matth. 13, 13; Mark. 9, 32; Joh. 10, 6; 8, 27) ergibt sich ja nicht so, daß die Ohren tatsächlich ertaubt und die Herzen tatsächlich verschlossen wären, sondern er vollzieht sich doch so, daß man sich die Ohren zuhält und die Herzen abriegelt. Man hat also sehr genau verstanden, welcher Aggressivität man hier ausgesetzt wäre, wenn... Vielleicht oder wahrscheinlich hat man sogar schon vorgebaut und vorsorglich die »Weisheit der Welt« alarmiert, um die geistlichen Kategorien zu verderben, die einen die Torheit des Kreuzes verstehen lassen und sie dann unabweisbar machen könnten (vgl. das Katechein zu Römer 1, 18; ferner 1, 22 f.; 1. Kor. 1, 20 ff.).

Abholung und Angleichung können nur dann geistlich gemeint und also sachgerecht sein, wenn die primäre Überlegung nicht durch die technisch-taktische Frage ausgelöst wird, wie ich »ankomme«, wie ich mich verständlich mache und den Hörer gewinne, sondern wenn es mir um die Treue gegenüber der Botschaft geht: daß ich die Abholung des Menschen durch das fleischgewordene Wort abbilden und darum auch stilgemäß ausdrücken möchte, daß ich folglich durch die Fassaden der Tradition hindurchstoßen und die Granitmauer der Fundamente spüren lassen möchte. Denn der nur dem Herkömmlichen verschworene, in den Chiffren der Tradition redende Amtsgeist ist todkrank. Die Maniriertheit, der Schwulst und das Formenwesen, die einst in der religiösen Welt so mächtig waren, veralten allmählich. Die Wahrheit und das Leben selbst müssen siegen, und ihr Sieg ist am nächsten, wenn sie nicht mehr die schweren Gewänder des Herkömmlichen und der Anmaßung nachschleppen müssen. Es ist ein Genuß, das Fachwerk alter Äußerlichkeiten einzustoßen und Raum für die Granitmauern der Wirklichkeit zu machen. Das ist einer meiner Hauptzwecke. Möge Gott meinen Bemühungen Erfolg geben!

Drittens: Die weltliche Art zu sprechen ist glaubwürdig, weil sie aus dem Eigentum des Redenden gibt. Ich brauche kaum hinzuzufügen, daß es kein selbsterworbenes Eigentum, sondern daß es das Reservoir der anvertrauten Pfunde ist. Aber als solches ist das alienum — das Fremde — nun ein proprium — ein Eigenes — geworden. Damit ist die weltliche Predigt als das Gegenteil dessen legitimiert, was öffentliches Reden in unserer Zeit vielfach fragwürdig macht: ich meine die Propagandarede.

Wer Propaganda treibt, ist meist ein Werbefachmann, dem es gleichgültig ist, für welche Tafelmargarine oder welche Limonade er seine Sprüchlein vom Stapel läßt; und der Brustton der Überzeugung, in dem er seine Empfehlungen vorbringt, ändert nichts an der Skepsis seiner Fernseh-Hörer und Sprüchlein-Leser: Sie wissen sehr genau, daß der Mann eben so reden muß, weil er dafür bezahlt wird, und daß der Brustton der Überzeugung kein Naturgewächs, sondern ein künstlicher, sehr zweckhaft gemixter Cocktail ist, der das Nervensystem angreifen soll.

Der Werbefachmann, den wir hier zitieren, ist aber nur der Extremfall eines Typus, der in vielerlei Variationen unter uns umgeht: Eine dieser Variationen ist der Funktionär, der eine Gruppenentscheidung vertritt, auch wenn er »privat« ganz anderer Ansicht ist. Eine andere Abart ist der Manager, der nicht in eigener Sache handelt, sondern seine Aktionäre vertritt.

Allen diesen Erscheinungen eignet das Gemeinsame, daß im Grund nicht sie selbst reden, sondern daß sie in irgendeinem Auftrag so reden müssen, wie sie eben reden. Um deshalb wirklich zu wissen, welche Limonade die beste ist, darf man nicht auf die Anpreisung des Werbefachmannes hören, sondern muß in Erfahrung bringen, welche Limonade er selbst bei sich daheim trinkt. Um die wahre Meinung des Funktionärs kennen zu lernen, darf man wiederum nicht auf das vertrauen, was er als offizielle Meinung kundgibt, sondern man muß herausbekommen, was er nachher bei Bier und Zigarre, leicht enthemmt und in vertrautem Kreis, von sich gibt.

Weil dieser Typus des Sagens, wie er den Werbefachleuten, den Funktionären und den Managern eignet, mehr ist als eine vereinzelte Zeiterscheinung, und weil er aus vielerlei Gründen gegenüber Spurgeons Epoche ins Unausmeßbare angewachsen ist, so überträgt sich das verständliche Mißtrauen der Zeitgenossen auf *alle* Formen öffentlichen Sagens, auf *jede* Art von »Reden im Auftrag« — also auch auf die Rede der *Kirche.* »Der Pfarrer muß so reden«: das ist die furchtbare Abwehrphrase, mit deren Hilfe man sich den fordernden Anruf der Botschaft vom Leib hält.

Warum sucht man die Sprechzimmer der Psychotherapeuten und kaum noch die der Seelsorger auf? Warum vertraut man sich nicht dem Pfarrer an, sondern schreibt an die Redakteure der Kummerkästen, wie sie die Tageszeitungen und Illustrierten in ihren Kolumnen unterhalten? Offenbar doch deshalb, weil man im vorhinein zu wissen glaubt, was der Pfarrer jeweils sagen »muß«: Denn er ist doch ein Angestellter jener Institution, deren dogmatische Selbstfestlegungen als stumme Monumente vor jedermanns Augen liegen oder jedenfalls zu liegen *scheinen.* Selbstverständlich muß er »gegen die Sünde sein«; also wird es sich kaum für ihn lohnen, das ihm Anvertraute vorurteilslos zu verstehen, sobald er die Diagnose »Sünde« gestellt hat. Selbstverständlich ist er gegen Ehescheidung, gegen die Liebelei verheirateter Männer, gegen die Mißachtung der Eltern. Darum kann er sich keine Würdigungen von Ausnahmefällen leisten, darum kann er keine echten Krisen, keine Konflikt- und Grenzsituationen respektieren. Er selbst »als Mensch« könnte es vielleicht verstehen; aber er darf es mich nicht merken lassen, wie er persönlich darüber denkt. Denn er vollzieht nur den Kollektivwillen seiner Institution; und der ist dogmatisch zementiert. Denn — »der Pfarrer muß so reden«.

Es ist kaum auszumessen, wie dieses irregeleitete Vorurteil — denn natürlich ist es das! — die Hör- und Begegnungsbereitschaft mit dem Christentum blockiert. Sieht man genauer hin, so wird deutlich, daß es hier, streng genommen, nicht um einen Anstoß gegenüber der Botschaft selbst geht; denn sie ist ja noch gar nicht in den Bereich der Hörweite gekommen. Vielmehr entstammt dieser Anstoß abermals einer Krise im »Wie« der Verkündigung: Das Mißtrauen gegenüber dieser Botschaft wächst in dem Maß, wie sie formelhaft auftaucht und wie sie — bis ins Phonetische hinein — unpersönlich ausgesagt wird. Denn um so näher liegt die Vermutung, daß hier nicht der Mann selbst spricht, sondern daß er ein Bauchredner ist, aus dem ganz andere Stimmen als die eigene dringen.

Auch hier liegt wieder eine pfäffische Selbstrechtfertigung allzu nahe: daß es doch eben der Auftrag des Zeugen sei, nicht sich selbst zu bringen, sondern mit seinem Selbst hinter dem Zeugnis zurückzutreten und es darum im Ton des distanziert Objektiven vorzutragen. Gerade das aber ist falsch.

Die Glaubwürdigkeit des Zeugen

Der Zeuge tritt eben nicht zurück, sondern er tritt vor. (Wenn er sich wie eine Diva in den Vordergrund spielt und die Botschaft nur als ein Mittel mißbraucht, um sich selbst aufzuspielen, dann ist das etwas ganz anderes und hat mit dem, was wir meinen, schlechterdings nichts zu tun.) Der Zeuge deklamiert kein Bekenntnis, sondern er bekennt. Er bekennt, daß es hier um »sein« Bekenntnis gehe, daß er für seine Person in dieses Bekenntnis hineingekrochen sei, und daß man ihn also — auch privat — darin vorfinde. Andernfalls würde das Wort Alexander Schweizers (gest. 1888) gelten müssen, daß zwar »einst die Väter ihren Glauben bekannt hätten«, daß aber unser modernes christliches Epigonentum sich vielfach nur abmühe, »die Bekenntnisse jener« zu glauben und also selbst gerade *nicht* darinnen zu sein. Nur in dem Maß, wie der Zeuge vortritt, wird man ihn für glaubwürdig und ein Hinhören für sinnvoll halten.

Dieses Vortreten wird sich übrigens durchaus nicht in der Ich-Form des Redens und in seiner autobiographischen Tönung verraten müssen. Wohl aber wird sich die Individualität des Predigers erkennbar machen, oder vorsichtiger gesagt: sie darf sich nicht vor ihrer Erkennbarkeit hüten wollen. »Der eigene Ton« des Zeugen gehört zum Zeugnis hinzu. Nur der Photograph ist nicht mit auf der Platte — obwohl es in höheren Regionen auch hier die unverwechselbare Handschrift gibt! —, der Maler aber bekennt sich selbst mit dem, was er durch seine Aussage bekennt.

Wenn das Werkzeug der Botschaft sich selbst zubereitet weiß, wird es — indem es sich von der Hand seines Herrn gebrauchen läßt — zugleich mehr über sich aussagen, als daß es nur Werkzeug sei. Denn es ist ja in Wahrheit auch ein berufener *Mensch;* es ist ein Wesen, das Gott nicht nur als ein Es gebraucht, sondern das er als ein Du anredet und sich gegenüberstellt. Es ist genau wie bei der Schöpfungsgeschichte:

Hier tauchen die Gestirne und die Tiere und die Pflanzen und das Licht in der dritten Person auf: »Es« werde! Der Mensch aber wird in der zweiten Person angeredet. Darum wird er sich immer als den Angeredeten *mit* bekennen müssen, wenn er den bekennt, der ihn angeredet hat.

Damit hängt es zusammen, daß das Wort »Werkzeug« nur ein unvollkommenes und hinkendes Bild für das ist, was Zeugenschaft bedeutet. Nimmt man dieses Bild, was man eben nicht darf, absolut, so unterscheidet sich der Zeuge nicht mehr von dem Funktionär; denn auch der ist Werkzeug. Der Zeuge aber verrät sich in seinem eigenen Ton;

denn er ist nicht nur dadurch charakterisiert, daß er *etwas* bezeugt, sondern auch dadurch, daß *er* der Bezeugende und der dafür »Geradestehende« ist. Das bloße Werkzeug weiß nichts von dem, der es gebraucht; es kennt auch nicht den Zweck, dem es dient. Der bezeugende Mensch aber ist gehalten, daß er beides mit Bewußtsein und willentlich ergreift. Darum muß er sich selber als den bekennen, der sein Zeugnis verantwortet (vgl. 1. Petr. 3, 15).
Wenn ich recht sehe, ist es gerade dieser Instinkt für den persönlichen Charakter der Zeugnisse, der Spurgeon so gegen das »Formelwesen« einnimmt und ihn Sicherungen wider das Mißverständnis anbringen läßt, daß nicht er, sondern nur eine Institution durch ihn spreche, und daß er persönlich vielleicht woanders stehe.

Wie aber entsteht jener »eigene Ton«, der selber Zeugnis ist? Er entsteht hier durch die Weltlichkeit der Rede und durch das unmittelbar Natürliche der Diktion. Denn um so reden zu können, kann ich nichts Gegebenes — weder ein Bibelwort noch einen Bekenntnissatz — einfach deklamieren. Dazu bedarf es vielmehr der Übersetzung, der Umbildung, der Aktualisierung. Einfach indem die Verkündigung diese Akte der Aneignung und Zueignung durchschreitet, läßt sie das Medium der Botschaft — eben den Prediger — Anteil an sich selbst gewinnen, gräbt ihre Spuren in ihn ein und verleiht ihm auch seine eigene Spur. Es bedarf also tatsächlich nicht der Ich-Form, es bedarf keiner forcierten Subjektivismen und keiner Darlegung »christlich-frommer Gemütszustände« (Schleiermacher), um den eigenen Ton und damit das Unterscheidungs-Kriterium gegenüber dem Funktionär zur Geltung zu bringen — obwohl das alles auch nicht gefürchtet werden sollte! Die Angst vor dem Subjektivismus führt zu dem gleichen Krampf wie der programmatische Subjektivismus selbst. Auch hier gilt: »Alles ist euer!« (1. Kor. 3, 22), oder im Sinn Augustins: Dilige et fac, quod vis!
Genauso wie wir beim Beten uns nicht der geleckten Rein-

schrift zu bedienen brauchen, sondern auch »ins Unreine reden« dürfen — wie die lieben Kinder mit dem lieben Vater, oft töricht plappernd und das Dumme von ihm erheischend —, so brauchen wir auch beim Predigen gewisse Goldwaagen eben nicht zu benutzen, von denen der Gesetzes- und Formelmensch sich tyrannisieren läßt, sondern dürfen die Wagnisse und Risiken des Redens eingehen, denen wir uns im »natürlichen Gespräch des Alltags« ja ebenfalls aussetzen. Nur wer Häresien wagt, kann die Wahrheit gewinnen. Nur wer die Form aufs Spiel setzt und bis an die Grenzen des Geschmackes zu gehen wagt (sofern das nur Zeichen ist, exzeptionell bleibt und nicht selbst wieder Routine wird!), der kann die Gehalte *durch*brechen lassen. Wer nur gesichert reden will, rechnet nicht mit dem, der dem Abraham aus Steinen Kinder erwecken kann. Die Leidenschaft der Absicherung ist nicht vom Heiligen Geist, sondern beruht auf fleischlichem Sorgen. Der Zeuge muß etwas wagen und darf keine Angst vor den Spänen haben, die bei seinem Hobeln fliegen. Die Zucht und die Angebundenheit müssen vorher erledigt sein, *ehe* der Zeuge den Mund auftut. Ist es aber soweit, daß er redet, so muß er frei zu sein wagen und sich wehrlos aussetzen. Es gibt kein Zeugnis ohne Wehrlosigkeit.
Dies alles sollte man bedenken, wenn man die homiletischen Risiken Spurgeons zur Kenntnis nimmt. Der Rotstift des Dogmatikers, des Exegeten und auch des Praktischen Theologen (als des Präceptors in der homiletischen Kinderstube) mag manchmal in der Hand zucken; der Ästhet mag manchmal rot und der Liturgiker violett sehen. Denn die Priester und Leviten haben es mit der Unbefangenheit des Hörens immer am schwersten. Und nicht nur damit: Sie gehen auch allzu leicht an denen vorüber, die unter die Mörder gefallen sind, die nicht mehr hören können, weil sie vom Mißtrauen zerfressen und auch auf diese Weise wie Schafe ohne Hirten sind.
Es gehört *nicht* zum Ziel seiner Verkündigung, den Menschen klarzumachen, daß sie mit dem Evangelium

leichter lebten; daß es die Lösung ihrer Lebensproblematik bringe; daß die Kultur ohne Christentum unterginge; daß der Staat und die Gesellschaft der Religion bedürften; daß es eine christliche Sozialethik geben müsse; daß die Ordnungen der Welt christliche Fundamente nötig hätten; daß alles Elend der Moderne vom Säkularismus komme; daß wir, solle unsere Welt weiterhin Bestand haben, das christliche Abendland wieder erwecken müßten usw.*
Das alles ist christlicher Edelpragmatismus, dessen wir uns gegenwärtig allzu gerne befleißigen und der oft genug auch durch das trojanische Pferd des Programmwortes »weltliches Christentum« in das heilige Ilion eingeschmuggelt wird. Alles dies ist Spurgeon völlig fremd. Ihm geht es nur ums Seligwerden. Er ist so unpragmatisch, daß er sich ausdrücklich mit dem Einwand auseinandersetzen kann, die Wahrheiten der Bibel seien nicht praktisch und nicht praktikabel. Er warnt davor, das Praktische zum Kriterium für die Annehmbarkeit biblischer Worte und christlicher Verkündigungsgehalte zu machen. Auch wenn man gar nicht wisse, was damit anzufangen sei, müsse man die großen Wahrheiten doch stehenlassen, denn der Herr habe sie eben für wichtig gehalten. »Darum wehe uns, wenn wir weiser sein wollen als er!«
Der Satz »wahr ist, was nützt« hat keinen Platz in der Liste

* »Die Frage ist . . .: Will unsere Zeit Religion, das heißt: eine Kulturform neben oder über anderen, um damit ihre Kultur zu retten, ihr eine neue Quelle, vielleicht die schöpferische Quelle überhaupt zu eröffnen? Oder will sie Gott, einfach schlicht, ohne Rücksicht auf etwas anderes, ganz gleich, ob dadurch die Kultur gefördert wird oder nicht? Im ersten Fall ist es sicher, daß sie scheitern wird; denn eine Religion, die um der Kultur willen gesucht wird, findet weder Gott noch schafft sie Kultur. Im zweiten Fall ist es sicher, daß Gott gefunden wird; denn es ist gar nicht möglich, ihn um seiner selbst willen zu suchen, ohne daß er schon da ist und diesen Willen schafft« (Paul Tillich). Ich erwähne bewußt diesen Satz eines Theologen, der sich einer gänzlich anderen Terminologie bedient als Spurgeon und sicherlich nicht vom »Selig-werden« sprechen würde. Und doch zeigt sich hinter der Fassade heterogener Stilformen eine verwandte Intention.

Spurgeonscher Sentenzen. Wohl aber wäre es in seinem Sinn, wenn man sagen würde, daß das Wahre sich auf die Dauer auch in seinem Nutzen erweise. Aber zunächst kann man es eben nicht haben, wenn man seinen Blick auf die bloße Verwertbarkeit richtet. Zunächst muß man es uneigennützig, gehorsam und vertrauensvoll entgegennehmen. Wer die Seelen rettet, wird dann wie nebenbei *auch* etwas für die Welt tun, und zwar um so mehr, je ausschließlicher es ihm um die Seelen und eben nicht um die Welt geht.

Seelen gewinnen und Weltverantwortung

Vielleicht, daß wir heute geneigt sind, hier eine Grenze Spurgeons zu sehen: Läßt sich das, was wir mit dem Öffentlichkeitsanspruch und der Weltverantwortung unserer Botschaft meinen, in dieser schlichten, kindlichen Formel »Seelen gewinnen! — Sünder erretten!« unterbringen? Ist das nicht eine individualistische Verengung? In der Tat hat Spurgeon seinen Blick vor allem auf den »Einzelnen« gerichtet und wenig oder gar nicht über eine Theologie der Ordnungen und über Christus als den Kosmokrator nachgedacht. Allerdings hat er — wo wäre Ähnliches sonst noch in diesem 19. Jahrhundert mit solchem Nachdruck geschehen?! — bei Beginn des Unionskrieges leidenschaftlich und ohne Rücksicht auf Verluste die Sklavenbefreiung und damit eben doch ein Problem gesellschaftlicher Ordnung vertreten. Er hat das getan, obwohl damit das riesige Verbreitungsgebiet seiner Schriften in den Vereinigten Staaten für ihn mit einem Schlag verschlossen wurde und der finanzielle Ausfall sich überaus fühlbar in seinen Anstalten und in seiner Arbeit auswirkte. Aber auch diese Stellungnahme zu einem gesellschaftlichen Ordnungsproblem war durch die Mitte seiner Botschaft vom Seligwerden bestimmt: Es ging ihm darum, daß der zur Freiheit erkaufte Mensch von einer christlichen

Gesellschaft nicht als Sklave gehalten werden könne, und daß darum alles christliche Reden sich seiner Vollmacht beraube — folglich auch keine Seelen mehr retten könne! —, wenn es die Sklaverei ohne Widerspruch dulde.
Auch damit übt Spurgeon an uns die Funktion eines Korrektivs aus: Für uns und unsere Art christlicher Sozialethik liegt es bedrohlich nahe, christliche »Ideen« der Weltordnung, der Sozialgestaltung usf. zu eruieren und sie im Hinblick auf ihre bewahrende und produktive Kraft zu empfehlen. Da es aber möglich ist, christliche Ideen ohne Glauben zu haben und sich vom Christentum (!) sozial anregen zu lassen, ohne persönlich engagiert zu sein, verlieren jene Ideen ihren Zusammenhang mit dem *Herrn* der Christenheit und degenerieren zu Ideologien, d.h. zu Instrumentarien der Macht und der Weltbewältigung. Sie rufen nicht mehr nach dem Beweis des Geistes (im Sinn des nachprüfbaren testimonium spiritus sancti), sondern nur noch nach dem Beweis der Kraft (im Sinn des nachprüfbar Praktikablen und des Erfolges). So ist es möglich, daß das Christentum zu einer alles durchdringenden Atmosphäre, zu einem Klima gesellschaftlicher Ordnung wird, während der Glaube schwindet und das Thema des Selig-Werdens vergessen wird.
Darum tut uns die einfältige Art not, in der Spurgeon zu sagen wagt, es gehe eigentlich und letztlich nur darum, Sünder selig zu machen. Ja, es gehe darum, »daß wir in den Himmel kommen«. Alles andere ist verdünntes kulturprotestantisches Geschwätz — auch das Reden vom christlichen Abendland, auch die noch so verantwortungsbewußte christliche Sozialethik! —, wenn — ja, *wenn* die Verantwortung für die Welt jenen »Himmel« vergißt und nicht jenen fünf Brüdern des Reichen Mannes nachgeht (vgl. Luk. 16, 22), die ahnungslos auf den Ort der Qual zutorkeln und Abrahams Schoß aus dem Auge verlieren. Nur wenn an *dieser* Stelle und für *dieses* Ziel Mose und die Propheten mobilisiert werden, ist das Salz davor bewahrt, dumm zu werden und kann *dann* auch — aber wirklich

nur dann! — die Erde salzen und den Fäulnisprozessen Einhalt gebieten.
Gewiß: Wir müssen das alles sicher anders sagen und machen, als Spurgeon es getan hat. Wir können nicht wiederholen, sondern müssen übersetzen, was er als einer gesagt und getan hat, der selbst kein Wiederholender, sondern ein unablässig Übersetzender war. Aber wir können ihn uns als Mahnzeichen und als Korrektiv dienen lassen. Denn unsere Treue zu den Vätern des Glaubens besteht nicht darin, daß wir sie »kopieren«, sondern daß wir sie »kapieren«. Und die Gemeinschaft der Heiligen besteht nicht darin, daß wir alle dasselbe sagen, sondern daß wir alle aus derselben Quelle trinken. Ein Sonderlicher unter den Hütern dieser Quelle — das ist Spurgeon.
Fast möchte ich denen, die als Verkünder des ewigen Wortes Dienst tun, und denen, die sich darauf vorbereiten, in einer hoffentlich produktiven Übertreibung zurufen: Verkaufe alles, was du hast (ganz sicher aber einige Stapel der gängigen Predigtliteratur), und kaufe dir Spurgeon (auch wenn du dabei in Antiquariaten wühlen mußt). Und wenn du die Ratschläge, die er deinem Dienst widmet, auch nicht pauschal als Rezepte übernimmst, dann laß ihn dir einen Sokrates sein, der dich deinen eigenen Weg finden läßt. Benutze sein Seminar nicht wie eine Dressur, die dich zu homiletischer Perfektion abrichtet, sondern wie ein Exercitium, in dem du zu dir selbst kommst und den »eigenen Ton« findest.

NACHWORT

Wenn im folgenden einiges aus dem Schrifttum des Verfassers genannt wird, das die hier angerührten Fragen weiter entfaltet, dann wird das nicht in dem Wahn getan, als sei dort etwas besonders Lichtvolles gesagt, dessen Nicht-zur-Kenntnis-Nehmen dem Leser dieses Buches ernsten Schaden zufügen würde. Angesichts des erzwungenen Weglassens soll vielmehr der theologische Leser auf Möglichkeiten aufmerksam gemacht werden, wie er sein etwaiges Interesse am theologischen *Hintergrund* des hier Gesagten befriedigen könnte.

Die Dogmatik-Bände *Der evangelische Glaube* I (Die Beziehung der Theologie zu den Denkformen der Neuzeit), II (Gotteslehre und Christologie) und III (Theologie des Geistes) enthalten selbstverständlich so viele thematische Bezüge auf dieses Buch, daß einzelnes nicht angeführt zu werden braucht. Höchstens mag die in der 3. Predigt nur angedeutete und im 3. Bande EvGl entfaltete Problematik von präsentischer und futurischer Eschatologie erwähnt sein.

Aus der *Theologischen Ethik* I-III (2.-5. Aufl.) sei folgendes Ergänzende genannt:

Zur Unterscheidung von Lehr-Intention und Lehrgestalt: II, 1, § 311 ff.

Echte und unechte Akkommodationen in der Aussage der Wahrheit: II, 1, § 338 ff.

Eine theologische Kritik der Vernunft: II, 1, § 1321 ff.

Neuzeitliche Wandlungen im Verständnis der Ordnungen; die Distanz zu biblischen Ordnungsverständnissen: II, 2, § 1 ff.

Neuzeitliche Wandlungen im Verständnis des Krieges; die Modifikationen gegenüber dem biblischen Begriff des Krieges: II, 2, § 2893 ff.

Das Übergewicht hermeneutischer Fragen in der heutigen Theologie: II, S. XV ff.

Die Kirche in der veränderten Welt (Das Problem von Assimilation und Distanz): III, § 672 ff.

Das biblische und das neuzeitliche Eigentumsverständnis: III, § 766 ff.

Verbindlichkeit und Relativität biblischer Aussagen über das Recht: III, § 1149 ff.
Die biblischen Aussagen über die Ehe; Wandlungen des modernen Eheverständnisses; die bleibende Relevanz biblischer Normierungen: III, § 2090 ff.; 2511 f.
Anthropologische Wandlungen im Verständnis der Geschlechter und ihres Verhältnisses gegenüber der biblischen Situation: III, § 2287 ff.

In der Theologiegeschichte (*Glauben und Denken in der Neuzeit*, 1983) taucht kein Spurgeon-Kapitel auf. Dort geht es mehr um den theologischen Hintergrund, vor dem Spurgeon zu sehen ist.

Aus anderen Aufsätzen und Büchern:
Wie läßt sich die Wahrheit des Glaubens verstehen?, in: *Die geheime Frage nach Gott*, Herderbücherei Bd. 429; dort auch die Frage nach der Verbindung des Glaubens mit gesellschaftlichen Strukturen.
Gespräche über Himmel und Erde, Quell Verlag, 3. Aufl. 1967. Darin die Kapitel: Stammt die Bibel von Gott? S. 13 ff. — Ist die kritische Beschäftigung mit der Bibel ein Unternehmen des Unglaubens? S. 27 ff. — Gibt es besondere Rezepte für das Verständnis der Bibel? S. 53 ff.

Die Hamburger »Projektgruppe Glaubensinformation« bringt in Zusammenarbeit mit dem Verfasser Lehrbriefe für theologische Fragen heraus, die sich vor allem an Suchende und Skeptiker wenden. Auch die in diesem Band verhandelten Fragen tauchen dort noch einmal mit Anleitungen zu Gruppengesprächen auf. Diese Briefe sind kostenlos zu beziehen von der »Evangelischen Buchhilfe«, 3502 Vellmar 3, Postfach 80.